“なぞなぞ”&“身近なテーマ”で楽しみながら

「自分で考える力」を鍛える

東大ドリル

TODAI DRILL

TRAIN THE POWER
TO THINK FOR YOURSELF

現役東大生
西岡壱誠
Nishioka Issei

ワニブックス

はじめに

『東大ドリル』で人生において本当に必要な「考える力」を手に入れる

▼これからの時代で求められるのは「知識量」ではなく「思考力」！

突然ですが、問題です。

問題

牛乳といえば日本では北海道で生産されているイメージを持つ人が多いですが、東京のスーパーやコンビニで売られている牛乳は、群馬県・栃木県などの北関東で作られたものが多いです。なぜ北関東の牛乳が多いのか答えなさい。

一見するとただのクイズのような問題で、これが解けるか解けないかでは「頭のよさ」は測れないと考える人も多いと思います。しかし実は、この問題が解けるか解けないかで、**「これからの時代に対応できるかどうか」**がはっきり分かれるのです。

なぜならこの問題が問うているのは「考える力」、つまり「思考力」だからです。

『東大ドリル』という名前のこの本を読んでいるみなさんの中には、もしかしたら「この本の問題を解けば、東大生並みにすごくいろんな知識が身に付くんじゃないか？」「知識を増やすために、この本を読んでみようかな？」と考えて手に取ってくださった方もいるかもしれません。そしてそういう人ほど、先程の「牛乳の生産地」の問題が解けないのではないでしょうか。

実はこれからの時代で求められるのは、そして東京大学という大学が70年間ずっと問い続けてきたのは、**「知識量」ではなく「思考力」**なのです。

東大生をはじめ、「頭のいい人」に対して抱いているイメージとして、「物知り」というものがあると思います。いろんなことを知っている人を、僕たちは「頭のいい人」と呼びがちです。しかし、「頭のよさ」とは実は知識だけに表れるものではないのです。

たしかに、人が物事を考えるために、知識は前提条件となります。今までの受験や資格試験は知識を暗記（インプット）すれば突破できるものも多く、これまでの時代はこちらが重視されていました。

しかし、これからの時代は違います。

ネットが普及して、ＡＩの時代が来て、**知識量がいくらあっても生きていけない時代が到来**しつつあります。

だってみなさん考えてみてください。今はもう、ネットで調べればいくらでも一瞬で情報を得られる時代なんですよ？　ＡＩなんて人間の何億倍も記憶できるんですよ？　そんな時代に、情報の暗記だけで対応できるわけはないのです。

真に必要なのは、その知識の使い方。**暗記した情報をどう活用するかという「アウトプット」**なんです。


これは何も、僕１人の意見ではありません。東大の考え方です。僕の東大の入学式の日、五神総長は東大生の前でこう語りました。

「私たちは知識の量ではなく、基本となる知識を柔軟な発想によって使いこなす力こそが大学での学びへの備えとして最も大切だと考えています。そのような期待を込めて（入学試験を）出題させていただきました」

もちろん、最低限の知識量は前提となります。しかし、真に東大が欲しい人材は、**「知識を活用できる能力」**を持つ人なのです。

そしてその時代の変化は、教育のシステムも変えようとしています。「時代に合わせた試験をしよう！」「知識量を問うのではなく、思考力を問おう！」ということで、センター試験が廃止されて新テストが実施される、２０２０年入試改革がすぐそこまで迫っています。試験がどんどん東大型へと変化しているわけです。

先程の問題は、そんな２０２０年入試で問われそうな問題を僕が自作したものです。みなさんももったいぶらずに答えを言ってしまえば、牛乳って腐りやすいですよね？　賞味期限を気にして牛乳を購入されると思います。そう考えると、東京から北海道というのは少し距離がありますよね。だから、東京に近い北関東の地域で牛乳を作ることで、少しでも賞味期限の長い鮮度のよい牛乳を出荷しようとしているのです。

……聞いてしまえば、なんでもありませんよね？

この問題を解く上で必要な知識は1つしかありません。「近郊農業」です。つまり、「市場となっている都市の近郊で農作物を作ることで、鮮度を保ったまま出荷することができるため、それを利用して金銭を得る農業が存在する」ということです。これは、小学生の社会の時間で誰でも習う内容ですね。

でも、それを知っていたとしても、持っている知識を問題解決に活かすことができず、解けなかったという人も多いと思います。

知識があっても、「思考力」がないと、解けない問題がある。そしてこれからの時代に人間に求められるのは、そうした**「思考力」を用いた問題の解決**なのです。

「問題を解く」ことで「アウトプット」する力が身に付く

かく言う僕は、この能力が低かった人間です。

偏差値35で学年ビリだった僕が東大を目指すに当たって、最大の壁になったのがこの「思考力の壁」だったのです。

だから多分、先程の問題を僕は解くことができなかったと思います。

だからこそ僕は、この本を執筆することに決めました。

この本は、「思考力」を身に付けるための問題と、その解き方を共有するものです。**「情報処理力」「読解力」「客観的思考力」「論理的思考力」「アイデア力」**という5つの力を段階的に鍛えることで、**総合的な「思考力」を身に付ける**ための問題を出題しています。

「なぜドリルなのか？」といえば、「問題を解く」という行為が一番実践しやすい「アウトプット」だからです。先程僕は「今までは知識をインプットする時代だった」と言いました。「これからの時代は情報を活用するアウトプットの時代だ」とも。このアウトプット時代において、**一番実践しやすくて一番力が付くのが「問題を解く」という行為**なのです。「どうすれば解けるんだろう？」と頭を悩ませて問題に取り組み、自分で思考して問題を解こうとする。そういう自分の頭で考えるアウトプットが、「問題を解く」なのです。

先に言っておきますが、**知識は付きません。付きませんし、いりません。**知識がないと解けない問題はほとんど存在しないと思ってください。

本書では、「どう頭を働かせれば問題が解けるのか？」をご紹介し、最終的にはみなさんが**身の回りの問題を、「思考力」を用いて解決できる**ようになっていただきたいと考えています。

▼悩めば悩むほど、「思考力」は鍛えられる

さて、先にこの本でご紹介する問題を解くヒントをご紹介させてください。

先程の問題が解けなかった人は、一体何ができていなかったのでしょう？

何度もお話ししている通り、この問題は知識が不足していると解けない問題というわけではありません。「近郊農業」を知らなくたってこの問題は解けるでしょうし、牛乳が腐りやすいというのもほとんどの人が知っていることですよね。

ここで必要なのは、**「ゴールから逆算しよう」**という考え方です。

例えば「牛乳がなぜ北関東で生産されているか」というアイデアをただたくさんあげていっても、実はなんの意味もありません。答えに近いアイデアを思い付くことはあるかも

しれませんが、それではどれが答えかわかりませんし、答えにたどり着く保証もありません。問題文から読み取れる「北関東」「北海道」「牛乳」といったワードからいかに答えを想像し、論理的にアイデアを考えるかが重要なのです。

「これ、なんでわざわざ北海道が引き合いに出されてるんだろう？」

「北関東と北海道の違いを牛乳の特徴と関連付けて答えればいいのかな？」

そんなふうに考えることで答えに繋がるのです。

そしてこれは、ここからこの本で身に付けていく力で解けるようになります。

「北海道ではなく北関東」だと**情報を処理**し、

「北関東と北海道の違いがポイントになるはずだ」と**読解**し、

「北海道を引き合いに出した出題者の意図はなんだろう？」と**客観的に考え**、

「北関東と北海道の違いと、牛乳の特徴とを結び付けよう！」と**論理的に思考**して、

「北関東は東京から近いけど北海道は遠い！　ひょっとしたら牛乳が腐っちゃうのかも！」

と**アイデア力**を働かせる。

このドリルで紹介するのは、こういう**「問題の解き方」**です。

1章ごとに「例題」があって、その例題の解き方をみなさんに紹介します。その解き方を応用して、みなさんにはその章の問題を解いていただきます。

別に僕がご紹介する方法でなくても解けるものもあるでしょうし、僕のご紹介する解答が完璧だということもありません。ただ、「思考法」として、こう考えれば他の問題も解ける、その能力を身に付けることができる、そういう問題をご紹介します。

さて、最後に、このドリルの問題はめいっぱい悩んでいただきたいです。**悩めば悩むほど、頭を働かせる**ことができます。「思考力」を鍛える訓練ができるのです。

そして、解けなくても大丈夫です。**「解けない！」「わからない！」という思いは、必ずみなさんの思考を深めてくれる**はずです。

このドリルの問題を、めいっぱい悩んでいただければと思います！

TODAI DRILL
CONTENTS

Q3

43

Aグループ「女」「田」「楽」「疫病」
Bグループ「気」「間」「生」「種」
では、「経」はAグループ？　Bグループ？

Q4

49

「機嫌」「司」はAグループ。「世界」「間」はBグループ。「支配」「戸」はCグループ。

「使用」はAグループでありBグループ。「手」はAグループでありCグループ。

では、「学」は？

Q5

57

ジャムパン→4　ピーナッツ→3　ヨーグルト→2　シーフード→4　ギョーザ→4
では、コッペパン→？

Q6

65

「1」「2」「3」「4」「5」をそれぞれ1回ずつ使って、「100」を作ってみましょう！

TODAI DRILL
2章
読解力

Q4 111

「あるもの」を比べると、1と2と3は「引き分け」ですが、4は「勝ち」。

5・6・7・8・9・10……と、5以上の数字はずっと「負け」です。

一体何を比べているでしょう？

Q5 119

親が2人、子供が2人の家族があり、このうち3人は男性です。

その家族の中で「ある男性」は、父親が「私」の父親の息子にあたる人物です。

「ある男性」とは、私とどういう関係にある人物？

Q6 127

「楽」「日」「延」「恐」「多」「少」などの漢字には共通点があります。

共通点を見つけましょう！

Q3

155

以下の特徴のある地域の観光WEBサイトを作ることになりました。

あなたなら、どんな文言をホームページのはじめに入れますか？

・海に面した地域で、昔は船で外から人が多く訪れていた
・新鮮な海産物が取れるので、お刺身やお寿司が美味しい
・お寺も多く、大きな仏像が多く存在する
・お寺が海に面していて、お寺から海を一望できる

Q4

161

日本の都会と田舎の地方部は、大きな地方格差があります。

都会にはさまざまな商品や情報が集まっているために、暮らしやすく便利です。それに比べて田舎にはコンビニやカラオケもなく、車がないと生活に不便が生じてしまいます。

しかし、田舎にも都会にない魅力があります。

田舎の魅力を都会の人に説明しなさい。

Q3

いきなり、世界一のお金持ちからあなたに手紙が届きました。

「実は儂《わし》は、お前の生き別れの祖父なのだ。もう儂は長くないので、お前に遺産を渡そうと思う。しかし、1つ条件がある。それは、お金の使い道を考えて、儂を納得させてほしいということだ。お前が思う最高のお金の使い方で、儂を納得させてくれ」

さて、なんて手紙を返せば納得してもらえるでしょうか？

191

Q4

日本のスマホ所持率は約80％と言われており、人口の4／5はスマホを持っていると言います。また世界でもスマホ所持率は約50％と言われており、2人に1人はスマホを持っているということになります。

それだけ普及していて、また超便利なツールであるスマホを、「使わない」という選択肢を取ってもらうためにはどうすればいいのでしょう。

199

TODAI DRILL

5章 アイデア力

TODAI
DRILL

1章

情報処理力

ゴールを明確化し、
整理する

情報処理力は全ての基本！

さて、まずはじめは「情報処理力」です。

これは、**「情報をうまく・早く処理する力」**のことを指します。

……なんて言っても、「え？　どういうこと？」って感じですよね。「情報を処理」って一体なんだよ？って感じだと思います。

でも実は、この能力が一番基本的で大切な能力なんです。情報を上手に・早く処理して、問題を解決する。言ってしまえばこの本でご紹介する全ての能力はこの能力に毛が生えたものに他なりません。**この能力が身に付いていれば他のものも全て身に付けられるし、逆にこれを身に付けられなければ他のどの能力も身に付かない、基本中の基本**の能力なのです。

では、具体的には情報処理とはどういうものなのでしょうか？　1問問題を見てみましょう。この問題が素早く解けるかどうかで、あなたの情報処理力がわかります！

例題

「1」と「2」と「3」をそれぞれ1回ずつ使って、「9」を作ってみましょう!

例［1＋2＋3＝6］［3×1－2＝1］［31－2＝29］

いかがでしょう?

30秒以内に解けた方は、情報処理力が高いと言えます。

数字を好きに使って新たな数字を作る、というゲームは小学生時代に結構流行っていたりしましたよね。僕の小さい頃は、切符に書いてある数字を全て使って20を作るゲームなんかが流行っていました。そういうとき、僕は決まって周りに負けていました。どんなに頑張っても20が作れず、周りの子の方が早く作ってしまうんです。

実は**このゲームには必勝法があります**。その必勝法にいち早く気が付ける人は、情報処理力が高いんです。

この問題の必勝法、かつ情報処理力向上のためのステップはこれです。

ＳＴＥＰ１　まず、情報を自分の言葉で言い換える
ＳＴＥＰ２　次に、ゴール（答え）から逆算する
ＳＴＥＰ３　組み立てて、ゴールにたどり着けばクリア！

TODAI DRILL

「言い換え」で情報を自分のものにする

この問題でご説明します。
まずはＳＴＥＰ１ですね。
「1」と「2」と「3」をそれぞれ1回ずつ使って、「9」を作ってみよう！
という**問題文から読み取れる情報をきちんと整理**します。
ここで読み取る情報を増やすには次の章の「読解力」という力が必要なのですが、この

問題はただ整理するだけで大丈夫です！
「え？　でも整理ってどうするの？」と思うでしょうが、こういうことです。
・1＋2＋3、2×3＋1のように、1回ずつ数字を使いながら9を目指せばいい
・13－2、23＋1みたいに、組み合わせて数字を作ってもいい

というふうに、**自分の言葉でルールをきちんと言い換えてみる**のです。そうすることで、情報への理解が深まる。問題文に書いてある情報を、きちんと自分のものにしようとするわけです。

この問題では「こんなの当たり前にわかることじゃん！」と思うかもしれませんが、もっと難しい問題になると、ルールがきちんと理解できていなくて解けない、なんてパターンが続出します。それに、この問題だって、「はいはい1と2と3を＋－×÷で組み合わせりゃいいんでしょ？」と考えて12－3とか31－2とか、そういう2桁にしてもいいというルールを見落としていた人も多いのではないですか？

これを防止するために、**「自分の言葉で情報を言い直す」**ということが必要なんです。

意外に思われるかもしれませんが、東大の入試問題ではどの科目であってもこの「自分の言葉で情報を言い直せるかどうか」が問われる問題が出題されます。日本史・世界史であれば歴史的資料を読み解いて言い換えられるかどうか、国語と英語は文章に書いてあることを100字で言い換えられるか、数学であれば長い問題文を簡単な数式に置き換えられるかどうかが問われます。**情報を自分なりに置き換える能力は、どんな学問においても大切になる能力**。情報処理において重要な能力の1つなのです。

TODAI DRILL

あてずっぽうでなく答えにたどり着くコツ

次にSTEP2です。この問題において、このSTEP2ができたかどうかが、勝負の分かれ目になっています。

僕も昔はそうだったのですが、この問題を「1＋2＋3＝6だからダメ、1×2×3＝

6だからダメ…」と、五月雨式に答えを考えていく方法で解こうとした人、いるのではないですか？　これだと確かに「いつかは」解けるかもしれませんが、時間内に解けるかどうかは運です。あてずっぽうでやっているのと変わりませんよね。

だからこそSTEP2 **「ゴール（答え）から逆算する」**が必要なんです。

例えばこの問題で言うなら、

- 2つの数字で9に近い数字を作って、もう1つの数字を足したり引いたりしよう！
- 9って、3×3だよな。3はあるから、1と2を使って3を作ればいいんじゃないか？

と、**「9」というゴールを見据えて、答えから逆算して情報を組み立てる**のです。

みなさんはカーナビを使ったことはありますか？　カーナビは、目的地を入力したらゴールまでの道のりを教えてくれる優れものです。例えば富士山に行きたいなら、富士山を目的地にして、現在地から富士山までのルートを逆算してくれるから、富士山までたどり着く。逆に、富士山がどっちにあるのかもわからず、とにかく車で近くを走り回っていても、いつまでたってもたどり着けませんよね。

情報処理も同じです。**ゴールを明確にしているからこそ、素早く情報を組み立てられる。**

「9」がゴールだとわかっているからこそ、**あてずっぽうでなく問題を解ける**のです。

このゴールを明確にして、そこにたどり着けるように問題を解いていくというのは、この本全体を通して重要になる考え方なので、ぜひ覚えておいてください！

組み立てられないときはSTEP1、2を見直す

最後にSTEP3。**STEP1で情報を整理して、STEP2でゴールを明確にしたら、あとはこれを組み立てるだけ**です。現在地と目的地を入力し終わったカーナビのようなもので、あとは2つの点を繋げるだけです。

「それが難しいんだよ！」と言う人もいるかもしれませんが、**STEP3で難しく感じるのは、STEP1とSTEP2のどちらかがうまくいっていないから**に他なりません。

例えば、

・9って、3×3だよな。3はあるから、1と2を使って3を作ればいいんじゃないか？

となっていれば、3＝1＋2だとわかっているので、もう答えが見えているはずです。

・2つの数字で9に近い数字を作って、もう1つの数字を足したり引いたりしよう！

となっていれば、9に近い数字なんてそうそうありませんから、「12とか13かな？あ、12って、－3すれば9だぞ！」と思い付けるはずです。

こんなふうに、**STEP1でルールをしっかり自分の言葉で理解し、STEP2でゴールを明確化していれば、どんな問題でも、どんな情報でも処理できます**。これが、考える力の大元になる「情報処理力」なのです。

ちなみに、

・9に近い数字を2つで作ればいいんだよな、2^3＝8だし、3^2＝9だな！

とわかれば、$2^3+1=9$、$3^2\times1=9$という答えも浮かぶと思います。これも答えですね。

答え

$(1+2)\times3=9$
$12-3=9$
$2^3+1=9$
$3^2\times1=9$

この4種類が答えになります！　みなさんは30秒以内に思い付きましたか？

「思い付かなかった！」という人も、この「情報処理のやり方」を覚えて実践していけば、すぐにできるようになります。

ここからの問題で試して、情報処理力を上げちゃいましょう！

情報処理力

Q1

「2」「3」「4」をそれぞれ1回ずつ使って、8を作ってみましょう！

TODAI DRILL

解説

さて、先程の例題と似ていますので、同様の方法で考えれば、結構ラクに答えにたどり着けると思います！

STEP 1 情報を自分の言葉で言い換える

まず、情報を自分の言葉で言い換えて、整理する。
先程の例題と同じなので、ここに関しては簡単に作れると思います。

・2＋3＋4、2×3＋4のように、1回ずつ数字を使いながら8を目指せばいい
・24−3、42−3みたいに、組み合わせて数字を作ってもいい

ということですね。

STEP 2 ゴールから逆算する

ここからが問題です。今回のゴールは8、普通に「2＋3＋4＝9、2×3＋4＝10」とか闇雲に考えていても、いつまでたっても「8」にはたどり着きません。

ではどうするか？　みなさんはもう知っているはずです。**8というゴールを意識して作っていけばいい**のです。8に近い数字、例えば7や9といった数字を作って8を作り上げるのもいいと思います。12－4という引き算でも8を導き出すことができますね。または8に確実にたどり着く数、例えば2×4を作ってみようなどと考えてみればいいのです。

先程はお話ししませんでしたが、この「ゴールから逆算する」というやり方には、1つテクニックがあります。**ゴールを、より詳しく見てみる**のです。

例えば8というのは、2×2×2でできている数字です。同じ数字を3つ掛けてできる数字、というのは何かヒントになるかもしれませんね。そう考えてみると、「2」というのは与えられた数の1つでもあります。残りの「3」と「4」で4を作ることができれば、

8にたどり着くことができるはずです。

さらに、8は16÷2や24÷3などの割り算でも求めることができます。これらの計算式を作ることができないかを考えていけば、答えに行き着くはずです。

まとめると次のようになります。

・12−4＝8なので、「2」と「3」で12を作れれば8になる
・2×2×2＝8なので、「3」と「4」で4を作れれば8になる。または、「2」と「3」で2が作れれば8になる
・16÷2＝8なので、「3」と「4」で16を作れれば8になる
・24÷3＝8なので、「2」と「4」で24を作れれば8になる

STEP 3 組み立てる

……ごめんなさい、もうこの時点で答えがわかっちゃった人、いますよね？　もう少しだけお付き合いください！　まず、

・12－4＝8なので、「2」と「3」で12を作れれば8になる

これは無理ですね。2と3では、2＋3＝5、3－2＝1、2×3＝6で12にはできません。

・2×2×2＝8なので、「3」と「4」で4を作れれば8になる。または、「2」と「3」で2が作れれば8になる

これも難しそうです。3と4では、3×4＝12、4＋3＝7、4－3＝1で、どうあがいても4は作れません。2と3にしても、先程と同じ計算で2は作れなそうです。

・16÷2＝8なので、「3」と「4」で16を作れれば8になる

さっきもやりましたが、3と4ではどうしても16にはなりませんね。

・24÷3＝8なので、「2」と「4」で24を作れれば8になる

最後はこれ。2と4で24を作れるでしょうか？

……作れますよね⁉　2と4をくっつけて、24です。つまり答えは、**「24÷3＝8」**といういうことになります！　正解できましたか？

わかってしまえばなんてことはない問題ですが、**「ゴールからの逆算」ができないと解けない問題**になっています。できなかった人は、「8」という**ゴールをより深く意識すれば解けた**と思いますので、ぜひ気を付けてみてください！

Q1 答え

24÷3＝8

情報処理力

Q2

どんな法則で並んでいるでしょう?

旧↓明↓灰↓永↓林↓鉄↓圧↓早↓有↓炎……

ヒント

「旧↓明↓灰↓永↓林↓鉄↓圧」で1セットです!

TODAI DRILL

解説

さて、どうでしょうか？　先程までの計算問題と打って変わって、こんなに漢字がいっぱい出てくる問題になりました。みなさんは解くことができましたか？　この問題も、今までのやり方と同じようにやれば解くことができます。

STEP 1 情報を自分の言葉で言い換える

まずはいつも通り、情報を整理しましょう。

10個の漢字があって、それがどういう法則で並んでいるかを答える問題。法則を答えさせるということは、この**「並び」に意味があるの**だと思われます。**漢字自体ではなく、順番が大事**だということでしょう。

また、1ついえるのは、最後の「炎」の後が「……」になっているということは、**この並びはずっと続く**ということです。10個で終わりというわけではないのだと思われます。

まとめると、

- 10個の漢字の「並び順」になんらかの法則がある
- 「……」があるので、おそらくはずっと続く法則である

ですね。

STEP 2 ゴールから逆算する

さて、この問題のゴールを確認しましょう。**「どんな法則で並んでいるか」がわかればいい**、というのがこの問題のゴールですね。「炎の次に来るもの」を考えるわけではなく、「法則」さえわかればいいのです。

漢字と法則……とはいっても、この漢字にはぱっと見、何も法則が見つかりません。読み仮名も、意味も、編も、画数も、繋がりがあるようには見えません。

そして、「並び」に意味があるということは、何か他の漢字と結びつけることには意味

がないと思います。

うーん、難しいですね。

そう考えると、「法則」ということから考えてみるのはいいかもしれません。どんな法則が考えられるでしょうか。「あいうえお」「ＡＢＣ」「１・２・３」「月火水」「子丑寅」……どの法則が裏側にあるかを考えてみるといいかもしれませんね。

まとめると、

・「あいうえお」「ＡＢＣ」「1・2・3」「月火水」「子丑寅」などの法則から逆算して考える

というのがよさそうです。

STEP 3 組み立てる

では、１つ１つ確認していきましょうか。

「あいうえお」だと、旧（きゅう）→明（あかり）→灰（はい）……と、とても50音順が関係しているようには見えません。

「ABC」だと、旧（old）→明（shine）→灰（ash）……と、ABC順も難しいですね。

「1・2・3」だとどうでしょう。数字の1や2や3と絡みがあるか？と考えてみると、旧も明も数字に関係がある漢字には見えません。でも、漢字の一部に何かが含まれているパターンはありえますね。例えば、旧の縦の棒は「1」に見えなくもないです。でも、明に2は含まれませんし、灰に3はありません。

では、「月火水」を考えてみましょう。

……お？　あれ？

「旧」には「日」という漢字が含まれていて、「明」には「月」、「灰」には「火」、「永」には「水」が含まれています。そして「林」は「木」、「鉄」は「金」、「圧」は「土」、「早」はまた「日」、「有」も「月」、「炎」も「火」が含まれています。

ということは、これは**「日月火水木金土」という一週間の曜日が法則になっている**のですね。

というわけで、**この問題の答えは「曜日」**となります。みなさん、わかりましたか？

数字の問題から漢字の問題になりましたが、みなさんはどちらの方が難しいのでしょう。よくよく漢字を見ているとピンときた、という人もいるでしょうが、**「法則」というゴールから考えて、答えから逆算していく**と、結構簡単に答えがわかることもあります。

Q2 答え

曜日

「旧」には「日」、「明」には「月」、「灰」には「火」など、それぞれの漢字に曜日の漢字が「日月火水木金土」の順に含まれていました。

情報処理力

Q3

Aグループ
「女」「田」「楽」「疫病」
Bグループ
「気」「間」「生」「種」
では、
「経」はAグループ？　Bグループ？

解説

なんか変な問題ですね。前の問題とはちょっと毛色が違います。「グループ分け」されている問題というのははじめてです。さて、どんなふうに解けばいいのでしょうか？

STEP 1 情報を自分の言葉で言い換える

整理してみましょう。この問題では、漢字8つがそれぞれAグループとBグループに分かれています。ということは、AグループにあってBグループにないもの、またはBグループにはあるけどAグループにないものがあるのだと考えられます。

そしてそう考えると、**Aグループの漢字にある共通点と、Bグループの漢字にある共通点が存在していて、それを言い当てられれば正解になる**のだと思います。

まとめるとこんな感じですね。

・Aグループと Bグループ、なんらかの法則性があって分けられている
・Aグループにある漢字と Bグループにある漢字には、共通点がある

STEP 2 ゴールから逆算する

では、情報を整理した後はゴールから逆算していきましょう。

この問題は、「経」がAグループかBグループかを当てればいいので、**AかBどちらかの法則性・共通点がわかれば正解になるはず**です。ゴールはそこに据えましょう。

その上で、ヒントになりそうなことを考えながら問題文を見てみると、**全て「漢字」である**ことに気が付きます。ひらがなでもカタカナでもなく、漢字。つまりは**漢字と漢字を組み合わせる**とか、**漢字の中に共通点がある**とか、そういうグループ分けになっている可能性がありますね。

また、そう思って見てみると、1つ浮いている漢字を発見できませんか？「疫病」です。他の漢字が普通に日常で使う漢字1文字なのに対し、なぜかこの漢字だけ2文字で、しかもこんな漢字普通使わないですよね？

こういうのはヒントになりやすいです。どんな問題でも、**「使いどころが難しいもの」「他のヒントと比べて異質なもの」**はヒントになりやすいです。疫病もそうですが、**使い道が限られているものから攻めるというのは問題解決における鉄則**です。他の使い道がたくさんある「女」とかから行くのではなく、限られた方で考えておくのです。この鉄則は後から何度も出てくるので、覚えておいてください！

ということで、まとめるとこうなります。

・Aグループの漢字とBグループの漢字には共通点が存在し、その共通点を「経」が持っている可能性が高い
・全て漢字になっているのは、共通点を探すヒントになる
・「疫病」はヒントになりそう

STEP 3 組み立てる

さて、以上の情報を踏まえて、実際に組み立ててみましょう。

この問題も、先程の数学の問題も、考え方は一緒です。いろいろな可能性がある中で、ゴールを見据えて1つ1つ推理を組み立てていくのです。うまくいかないものは切り捨てて、うまくいきそうなもので答えを探っていけば、正解にたどり着けます。

そこでいくと、やはり**一番のヒントになりそうなのは「疫病」**でしょう。本当、なんなんですかね、これ?

2グループ両方とも全て漢字が使われていることを考えると、これらの漢字に何かを組み合わせるか、これらの漢字の中に共通点があるかの2つの可能性があると先程お伝えしました。ですが、「疫病」という漢字の中に、「女」「田」「楽」そして「経」という漢字と同じ要素があるとは考えにくいです。となると残る可能性は、**「疫病」に何か言葉がくっつく可能性**です。そう考えると普通僕らは「疫病」を、そのまま使うか「疫病神(やくびょうがみ)」という言葉でしか使いません。そう、**「神」という言葉とくっつけて考える**のです。

するとどうでしょう。Aグループの漢字、何かが見えてきませんか?

そうです。「女神」「神田」「神楽」と、全て「神」という言葉とくっつけることができます。これが共通点だと推理できます。

となると、「経」はどうでしょう？　**「神経」という熟語が作れますから、経はAグループ**だと考えられます。Bグループの共通点はわかっていませんが、これが答えです。

ちなみに、Bグループの共通点も、「神」と同じような言葉をくっつければ見えてきます。**「神」の反対（？）の言葉、「人」**です。「人気」「人間」「人生」「人種」。「人経」なんてないので、「経」はBグループではないと考えられますね。このように考えれば、数字の問題でなくても解けてしまうのです。

Q3 答え

Aグループ

Aグループは「神」と組み合わせると熟語になる漢字、Bグループは「人」と組み合わせると熟語になる漢字でした。「経」は「神」と組み合わせると「神経」になるため、答えはAグループになります。

情報処理力

Q4

「機嫌」「司」はAグループ。
「世界」「間」はBグループ。
「支配」「戸」はCグループ。
「使用」はAグループでありBグループ。
「手」はAグループでありCグループ。
では、
「学」は？

TODAI DRILL

解説

ちょっと先程の漢字の問題とは毛色が違いますね。みなさんはこの問題、どう解きますか？

STEP 1 情報を自分の言葉で言い換える

まずは情報を整理してみましょう。

この問題では、3つのグループが登場しますね。A・B・Cグループです。

そして、**「2つに当てはまることもある」というのは大きなヒント**になりそうです。先程の問題では「AかBか」しかなかったわけですが、「AでありB」ということがありえるのです。

その上で、もう少し中身を整理してみると、「機嫌」「司」「使用」「手」はAグループ、「世界」「間」「使用」はBグループ、「支配」「戸」「手」はCグループだとわかります。

まとめると、

- 3つのグループがある
- 1つの漢字は、2つ以上のグループにまたがることもある
- 「機嫌」「司」「使用」「手」はAグループ
- 「世界」「間」「使用」はBグループ
- 「支配」「戸」「手」はCグループ

ですね。

STEP 2 ゴールから逆算する

さて、この問題のゴールはなんだったでしょうか。

「学」がどれに当てはまるかを考える、というのがゴールではありますが、こういうのは先程の問題と同じように組み分けの仕組みを考えた方が早いので、「学」がどれに当てては

まるかだけを考えるというのは得策ではありません。

では、3グループの法則を発見するための道筋を考えてみましょう。

まず、大きなヒントになるのはやはり**「1つの漢字は、2つ以上のグループにまたがることもある」**というルールです。これにより、「その漢字の画数」とか「漢字の部首」とか、そういう「0か1か」「黒か白か」と**はっきり分けられるものではない**とわかります。

そして、「3グループ」というのもヒントになりそうです。**「3つで考えられるもの」**を何か考える必要がありますね。

あともう1つあるのは、今回の漢字はどれもかなり有名というか、普通に僕らが日常生活で使っているものばかりですが、1つ「なんだこれ?」っていう漢字がありますね?

「司」です。

なんですかねこの漢字? まず読み方は「し」なのでしょうか?「つかさ」なのでしょうか? いずれにせよ、先程の通り、**「はみ出しもの」を考えると答えが見えてくる**場合があります。「司」はヒントになりそうです。

まとめると、

・はっきり分けられるものではないので、2グループ以上にまたがる場合がある
・3つで考えられるグループ分け
・「司」がなんなのかがヒントになっていそう

とわかりますね。

STEP 3 組み立てる

出揃った情報をもとに、実際に推理を組み立ててみましょう。

・はっきり分けられるものではないので、2グループ以上にまたがる場合がある

この条件を考えると、何かの漢字や何かの規則で漢字を組み分けているのではなく、前と同じように**「くっつけられる漢字」で分けられているのでは？**と推理できますね？

Aグループでくっつけられる漢字と、BグループでくっつけられるCグループの

漢字とがあって、その漢字を複数くっつけられたら、2グループ以上にまたがっている。

そう考えると、全ての辻褄が合います。

そして、

・**3つで考えられるグループ分け**

ということはつまり、**3つのちょっとした繋がりのある漢字が組み分けに関わっている**のだと考えられます。

さらに、

・**「司」がなんなのかがヒントになっていそう**

ということを考えると、わかる人もいるのではないでしょうか。

「司」という漢字は、いつもみなさんはどういう漢字とくっつけて使っていますか？

そう、**「上司」**です。

つまり、**「上」という漢字とくっつけられると、Aグループ**になっているのです。「上機嫌」「使用上」「上司」「上手」で、全て上とくっつけられますね？

そう考えると、Cグループは「上」とは逆のものを入れればいいのです。「上」の反対はなんでしょう？**「下」**です。「支配下」「下戸」「下手」で、下とくっつけられます。

「……え？　Bグループは何？」

上と下というワンセットを使ってしまった以上、あとの残りはBグループですが、一体これはどう解釈すればいいのでしょう。

ヒントは「3つで考えられる」ということでした。「上」「下」と、もう1つ考えるとしたらなんでしょう？

答えは、**「中」**です。「上中下」でワンセット、「世界中」「中間」「使用中」でBグループは中とくっつけられるものというわけです。

では、「学」は？「上学」も「下学」もありませんから、**答えは「中学」とくっつけられるBグループ**になります。

いかがでしょうか？

一見難しいですが、情報を整理するといろいろなヒントが隠されていて、それを利用すればこんなふうに組み立てていくことができるのです。

Q4 答え

Bグループ

Aグループは「上」と組み合わせると熟語になる漢字、Bグループは「中」と組み合わせると熟語になる漢字、Cグループは「下」と組み合わせると熟語になる漢字でした。「学」は「中」と組み合わせると「中学」になるため、答えはBグループになります。

情報処理力

Q5

ジャムパン↓4
ピーナッツ↓3
ヨーグルト↓2
シーフード↓4
ギョーザ↓4
では、
コッペパン↓?

STEP 1 情報を自分の言葉で言い換える

まずは情報を整理しましょう。食べ物の名前が、数へと変換されています。これはつまり、**言葉の中になんらかの「数」の要素があり、それを計算している**ということなのでしょう。

2と3と4がありますが、ミックスされていると見にくいです。2・3・4の順に並べ替えて、

ヨーグルト→2
ピーナッツ→3
ジャムパン→4

シーフード↓4
ギョーザ↓4
としましょう。

STEP 2 ゴールから逆算する

さて、ここからは組み立てに入っていくわけですが、その前にやらなければならないことがありますね？

そう、「ゴールの確認」です。僕たちはこの問題を解く際に、「コッペパン」の数を知りたいと思っているわけですね。「コッペパン↓？」の答えを求めているのです。それを出すために、この数字がどういう計算をして算出されたのかを考えなくてはなりません。

数字の謎を解くためには、この**カタカナの食べ物の中から数字を探す**必要があります。

一体どこに数字が隠されているのでしょう？

食べ物と数字と考えると、思い付くのはカロリーくらいしかありません。でも、「ヨーグルト＝2カロリー」ではありませんし、そもそもシーフードとか、特定の食べ物を指さないものもあります。「食べ物」をヒントに数字を出すのは難しそうですね。

そう考えると残るは**「カタカナ」**です。カタカナの中の何かを要素として計算されている可能性は大いにあります。例えば、これらのカタカナ、妙に「゛」とか「゜」とか「ー」が多いですよね？　もしかしたら、これらがヒントなのかもしれません。

まとめると、

- 「食べ物」から数字を求めるのは無理そう
- 「カタカナ」が数字のもとになっていそう
- 「゛」「゜」「ー」が多いというのがヒントか？

となります。

STEP 3 組み立てる

さて、もうここから先は組み立てるしかありません。みなさんは、ここからどういうふうに組み立てますか？

僕は、まずは「゛」から考えます。というのは、実は**この問題のカタカナのほとんどに「゛」が含まれている**のです。ないのは、「ピーナッツ」だけです。

もしこの問題が、点の数を数える法則だった場合、「゛」は点が2つなので

ヨーグルト↓2
ピーナッツ↓0
ジャムパン↓2
シーフード↓2
ギョーザ↓4

となります。

ところどころ数が問題と異なるものもありますが、ヨーグルトとギョーザは完全に一致します。**この法則は当たらずとも遠からず**なのかもしれません。

問題を解くとき、法則が完全には当てはまらなくても、すぐ諦めるのはよくありません。これまでの問題でも、いろいろなパターンを試した末にたどり着く答えもあったはずです。

この問題、STEP2であんまり道筋を考えられなかったのですから、「゛」「゜」「ー」を使う説をとりあえず推し進めるしかないのです。

さて、そう考えると、1つ疑問なのは「シーフード」です。なんでこれが、2ではなくて4なのでしょうか?

点の数を数える法則が有力であることから、一番ありそうな可能性としては、「シ」とか「ン」とか「ツ」とか、そういう**「点を使ったカタカナ」も含めて点の数を数える**のではないか?ということです。

その場合、

ヨーグルト→2

ピーナッツ↓4
ジャムパン↓5
シーフード↓4
ギョーザ↓4

になって、さっきよりも問題の数に近付きました。でも数が違う、というか1多いのがピーナッツとジャムパンです。

この2つ、共通点があるのがわかりますか？……「僕の好物」とかそういうことではありません。「゜」が付いているのです。**この2つは「゜」が1つ付いていて、マイナス1されている。**これがどういうことだか、もうおわかりですね？つまりは、

「゛」「ッ」「シ」↓点の数を数えて「2」
「ン」↓点の数を数えて「1」
「゜」↓1つにつき「マイナス1」

これがルールなのです。
この法則に則って考えると、全ての辻褄が合うのです。
そしてこの場合の**「コッペパン」は1**となります。

いかがでしょう？　「゛」が関係しているということは理解できても、「ン」や「゜」まで含んで計算することになるとは思わなかった方も多いと思います。それも含めて考えられるかどうかは、きちんと情報を整理してゴールを見据えられるかにかかってきます！
もっと訓練を積んで、ぜひこの能力をマスターしてみてください！

Q5 答え

コッペパン→1

「゛」「ッ」「シ」は点の数を数えて「2」、「ン」は点の数を数えて「1」、「゜」は1つにつき「マイナス1」と考えて計算する問題でした。「コッペパン」は「ッ」「ン」の点の数を足して「3」、「ペ」「パ」の「゜」が2つで「マイナス2」となり、答えは「1」でした。

情報処理力
Q6

「1」「2」「3」「4」「5」をそれぞれ1回ずつ使って、「100」を作ってみましょう！

解説

TODAI DRILL

さて、例題の計算問題と結構似ていますが、作る数が大きくなり、使う数も増えて複雑になりました。けれど、これまでと同じ方法で考えれば、結構ラクに答えにたどり着く人もいると思います。

STEP 1 情報を自分の言葉で言い換える

前の問題と同じなので、ここに関しては簡単に作れると思います。

- 1＋2＋3＋4＋5、2×3＋1×4×5のように、1回ずつ数字を使いながら100を目指せばいい
- 513－24、243＋15みたいに、組み合わせて数字を作ってもいい

ということですね。

ただ、前と同じ問題ではありますが、与えられている数が「5個」に増えていることにも注目です。5個に増えると、作れる数の幅は増えますが、その分注意しなければならないことも増えます。

「それぞれ1回ずつ」、という問題文に注目してみましょう。

この問題、「それぞれ」がなければ瞬殺なんです。例えば、「25×4＝100」で簡単に100が作れてしまいますが、これだと1と3が余ってしまいます。数が余ってしまうと、このゲームの「それぞれ1回ずつ」というルールに反してしまいます。

ということで、

- **1と2と3と4と5を、余らせずに全て使う**

これも情報として持っておきましょう。

STEP 2 ゴールから逆算する

さてこの問題、数が5つもあるので、1つ1つ闇雲に答えを探していては日が暮れてしまいます。例題は3つでしたから、運がよければ1つ1つ計算していって解けたかもしれません。でも、5個も数字があるとそうはいきません。5つの数字を自由に組み合わせてもいいし、掛け算しても足し算してもいいわけですから、無数のパターンがあるのです。

そこで必要なのが、**「ゴール設定」**です。

「100」という明確なゴールを見据えて、計算式を組み立てていくのです。

まずは100に近い数字をどうやって作るかを考えてみましょう。

3つの数字を使って100に近い数字を作る場合、1と2と3を使って「123」という3桁の数字を作ることができます。もし残りの4と5で「23」を作ることができれば、「123－23＝100」というふうに100を作ることができます。

また、2つの数字を使うとどうでしょう。

5つの数字の中で数が大きい5と4を使ってできるのは、「54」という数ですね。残りの1と2と3で「46」が作れれば、100ができますね。

また、100という数字は、「2×50」「4×25」という掛け算で作ることができます。つまり、1と3と4と5で50を作るか、1と2と3と5で25を作れれば、100ができますね。

まとめると、以下の4パターンを全て検証していけば答えにたどり着きます。

・4と5で23を作る
・1と2と3で46を作る
・1と3と4と5で50を作る
・1と2と3と5で25を作る

STEP 3 組み立てる

……さてこの時点で、計算をする前に、1つ質問です。答えの可能性が高い選択肢はどれだと思いますか？ どの選択肢が、組み立てて答えになりやすいでしょう？

僕は、後ろの2つだと思います。なぜなら、前の2つは組み立てるための「材料」が少ない。2つの数字や3つの数字で1つの答えを導くのと、4つの数字を使って1つの答えを導くのとだと、必ず4つの方が答えの可能性が高いです。

ただし、2つや3つの方が「ラクに」組み立てを行って検証することができます。先にそっちの可能性を消しておくこともいいと思います。

- 4と5で23を作る
- 1と2と3で46を作る

この2つは、少し考えれば無理だとわかります。4と5だけではどうしても23を作れませんし、1と2と3ではいろいろやっても46を組み立てられません。

残るは、

- 1と3と4と5で50を作る
- 1と2と3と5で25を作る

ですが、1と2と3と5で25を作るのもなかなか難しそうです。25自体は2と5を組み合わせれば作れますが、1と3が余ってしまいます。31－5－2＝24でおしくも25になりませんし、32－1－5＝26で少し違います。

となると、残りは1つしかありません。

・1と3と4と5で50を作る

みなさん、これを作ることはできますか？

これも、ゴールから考えればできますね。50に近い数字を作って、残りの数で50まで持っていけばいいのです。そこでいくと、**54－3－1＝50を組み立てることができれば、これに×2をして100を導き出せる**と思います。

これが答えです。

いかがでしょうか？

こんな感じで解く以外にも、「100＝4×5×（5）」をゴールに見据えて、「1と2と3で5を作る」と進めていくやり方もあります。この場合、「2×3－1＝5」なので、「100＝4×5×（2×3－1）」が答えとなります。いろんなやり方がありますが、100をゴールにして逆算していくやり方が一番手っ取り早いので、ぜひそれで挑戦してみましょう。

この問題は他にも答えがあるので、ぜひ探してみてください！

Q6 答え

（54－3－1）×2＝100

4×5×（2×3－1）＝100

TODAI
DRILL

2章

読解力

スタートの情報を増やして、ゴールに近付ける

「読解力」で「ヒント」を手に入れる

「情報処理力」の次は、「読解力」です。

これは、**問題や文章・発言の「意図」を読み解き、「ヒント」をゲットする力**です。

先程の「情報処理力」のSTEP1では「情報を読み解いて、自分の言葉で整理する」という方法をご紹介しましたが、「読解力」はこの**スタートの「読み解く」タイミングで、より多くの情報を得る**のです。

少しわかりにくいと思いますので、図を使って説明します。

「情報処理力」というのは、ゴールから逆算して情報を組み立てる力のことです。「9

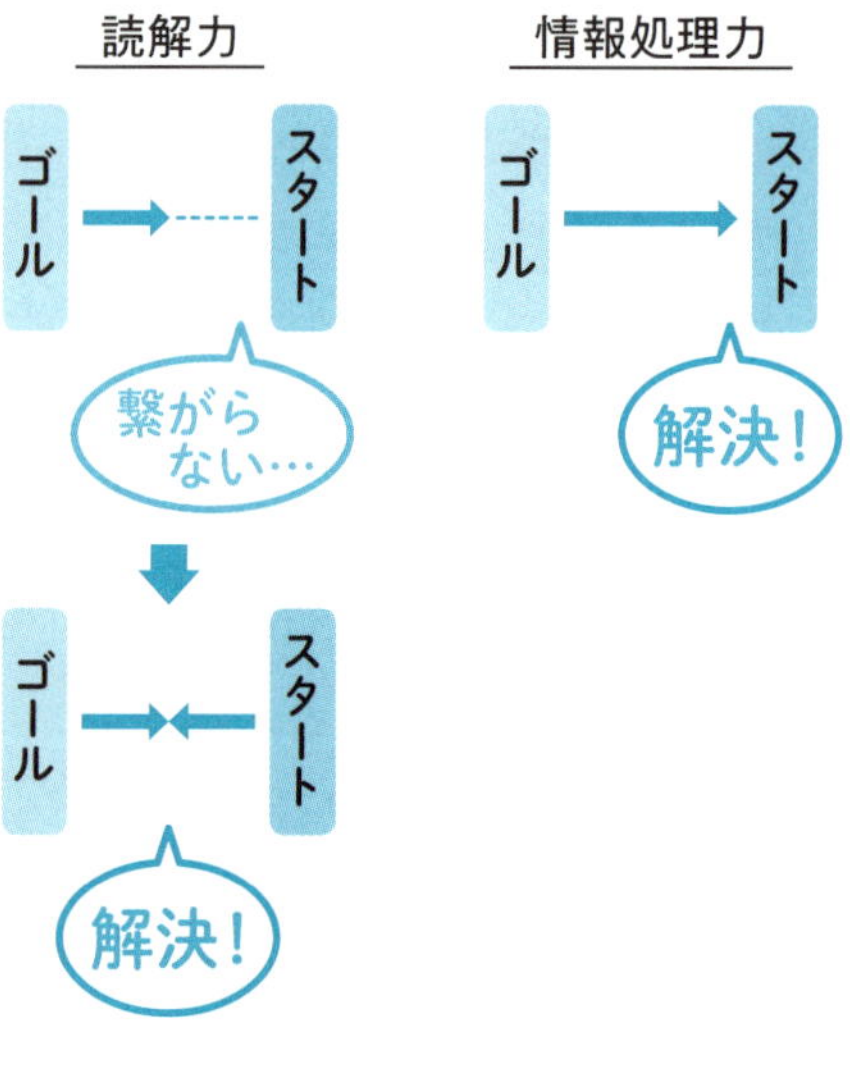

がゴールだから、2つの数字で9に近い数字を作ろう!」と、情報を繋げていくのが情報処理でした。しかし、それだけではゴールまでたどり着けるだけの情報が足りない場合も出てきます。そこで必要なのが「読解力」。「意図」を読み解いて「ヒント」を手に入れ、情報を増やすことで、答えにたどり着きます。

情報を増やす……と言われても「どうやるの?」って感じだと思います。そこで、次の問題をご覧ください。

例題

「家族」とくれば「市」

「7」とくれば「11」

「法」とくれば「息子」

「小さい」とくれば「止まる」

では、「毎日」とくれば……?

なんですかね、この問題？　「家族」とか「市」とか「7」とか「法」とか、まるっきり法則性がありません。「毎日」と繋がるのとか、全然想像つかないです。

1章でやっていたのと同じような、「ゴールから逆算する」というやり方ではちょっと解くのが難しいと思います。

なので、この「読解力」の章では、もう1つSTEPを増やします。

STEP1　まず、情報を自分の言葉で言い換える
STEP2　次に、ゴール（答え）から逆算する
STEP3　組み立てて、ゴールにたどり着けばクリア！

このSTEP1とSTEP2の間に、**「問題文を読み解いて情報を増やす」**という過程を入れるのです。

まずSTEP1で問題を言い換えてみましょう。

・「家族」→「市」
・「7」→「11」
・「法」→「息子」
・「小さい」→「止まる」
・「毎日」→「?」

とまあ、言い換えるとこういう問題です。ただ、整理しても全然意味がわからないですね。
ここで、「問題文を読み解いて情報を増やす」ということをやってみましょう。

TODAI DRILL

「ちょっと変なポイント」を探す

STEP2の「問題文を読み解いて情報を増やす」というのは、**深く読むということ**に他なりません。

とにかく問題文をよく観察して、普通と違うところがないかを考えてみる。**「これって普通じゃないな」「なんかここおかしくない？」**というポイントをたった1つでも見つければ、そこを突破口にできます。

さて、この問題文の中で変なポイントってなんでしょう？

……僕は、**「とくれば」**っていう言葉がすごい気になります。「家族と市が『同じグループ』」だとか、「7と11は『仲間』」とか、そういう言葉ではなくて、「とくれば」ときているのが気になります。

これって多分なんですけど、逆にして、「11」とくれば「7」ってわけじゃないんだと思いませんか？「息子」ときても「法」とこないのではないでしょうか。

順番が重要になる。これは1つ大切な情報ですね。

もう1つ気になるのは、**「小さい」「止まる」**です。他の言葉はみんな、それが1つの名詞だったのですが、この「小さい」「止まる」だけ、形容詞と動詞です。ということは、ここに書かれている9つの言葉はそれ自体が重要なのではなく、「なんらかの法則に従ってそれに一番近い言葉が選ばれている」と考えることができます。つまり、この言葉自体には意味がないけど、**「なんらかの形でこの言葉に変換されている」**可能性があるということです。

この「小さい」「止まる」のような、**「問題文の中でなんかちょっと変なポイント」**のことを**「ハズレ値」**と言います。要するに、例外的な情報だということです。例外というのは、どんな問題においてもなんらかのヒントになっている場合が多く、問題を解くときに希望の光になる可能性の高い情報です。ぜひチェックしておきましょう。

TODAI DRILL

法則性のない言葉は、ヒントになる！

この2つの情報を得た上で、次にSTEP3です。この問題のゴールとはなんでしょう？当たり前ですが、「毎日」の後に何が続くのかがわかればいいわけですね。そのためには、2つの言葉がどうしてペアになっているのかという法則性を考えなければなりません。法則性を見つけて「毎日」の後ろに何がくるか考える、というのがゴールになるはずです。

そのときに気になるのが、STEP2でも言った通り、**選ばれている言葉にまるっきり法則性がない**ことですよね。「法」「市」とか名詞がある中で、「7」「11」とか数字もあり、「止まる」といった動詞もある。「なんでこれが選ばれたんだよ」感がありますよね。

でも逆に言えば、この9つの言葉でなければ問題は成立しない可能性も高いです。適当に、「本」とか「都会」とか「8」とか「大きい」とかでも成立するとは考えにくいのです。

「どういう言葉が選ばれているのか？」

これがわかったとき、きっとこの問題も解けるはずです。

TODAI DRILL

問題文に無駄なことは書かれていない

・「家族」→「市」
・「7」→「11」

・「法」→「息子」
・「小さい」→「止まる」
・「毎日」→「?」
・順番が大事
・その言葉自体の意味が大切なのではなさそう
・なんらかの形で変換されている?
・9つの言葉が選ばれている法則を発見できれば、解けるかもしれない

こんなところでしょうか。さて、では解いていきましょう。

こう考えると、やっぱり「小さい」「止まる」がどうして選ばれているのかを考える方がよさそうです。

「小さい」「止まる」……、これだけだったら共通点も法則性もありませんね。
・なんらかの形で変換されている?

というのもありましたので、何か形を変えてみましょう。

まずは画数を調べてみます。7画と8画で、繋がりはなさそう。ふりがなをふると「ちいさい」「とまる」。あんまり意味がなさそうですね。英語で言うと「スモール」とか「ミニ」と「ストップ」。

……ん？　と、気付いた人も多いのではないでしょうか。

「スモール」とか「ミニ」と「ストップ」。「ミニ」と「ストップ」。これ、繋げると「ミニストップ」じゃないですか？

そう考えて英語に直してみると、

「ファミリー」と「マート」
「セブン」と「イレブン」
「ロー」と「サン（ソン）」

……ファミリーマートにセブンイレブンにローソンと、コンビニの名前が出てきました。

確かにこれは順番がひっくり返っては意味がないですし、選ばれている9つには意味がありました。

もはや疑う余地はありません。この問題の法則は、**「英語に直してくっつけたらコンビニの名前になる」**なのです。

「毎日」は「エブリデイ」でしょうか。けれど、「エブリデイ」と名前のつくコンビニはなさそうです。他の英語はどうでしょうか？「毎日」は「デイリー」と考えることもできますね。

「デイリー」ときたら、「デイリーヤマザキ」か「デイリーマート」の2つがあります。

つまり、先程の「ファミリーマート」のときのように「市」と答えるもよし、「山崎」と答えるのも正解になります。

答え
山崎
市

読解力というのは、「情報を増やす」ということだとお伝えしました。どんなに難しい文章でも、実は**「ほんのささいなこと」「ヒントだと思えないようなところ」から情報を得ることができる**ものです。

問題文に無駄なことは書かれていません。この問題でも、「とくれば」という一見ただの接続詞が重要なヒントになっていました。

ここからの6題でヒントを探し、読解してみましょう！

読解力

Q1

「利」はあるけど「口」はない。
「固」はあるけど「題」はない。
「保」はあるけど「駄」はない。
では、「共」にはある？　ない？

ヒント

あるを「有る」、ないを「無い」と漢字変換してみましょう。

TODAI DRILL

解説

さて、この問題はどうやって解けばいいのでしょうか？

先程ご紹介したSTEPは、「情報を整理して」「読解で情報を増やして」「ゴールから逆算して」「組み立てる」というものでしたね。

ちょっと実践してみましょう。

STEP 1 情報を自分の言葉で言い換える

まず情報の整理をしましょう。

・「利」「固」「保」は有る
・「口」「題」「駄」は無い

ですね。
でも、これだけだとなかなか答えまでたどり着けません。

STEP 2 問題文を読み解いて情報を増やす

そこで、STEP2です。読解で答えに繋がるような情報を増やしてみましょう！

「うーん、この問題はどうやって解くの？　さっきの2つ以外に読み取れることなんてなくない？」と思うかもしれません。けれど、ここで思い出してほしいのは、1章の情報処理力でも紹介した「ゴール」です。**ゴールを意識して読み解くことで、読解の力で情報を増やせる**ことがあるのです。

例えば、この問題であれば、

・「共」には有るか、それとも無いか？

というのがゴールでした。そのゴールを意識すると、

・**「共」には、有るかもしれないし無いかもしれない**

ということがわかりますよね。何が有るのか、それとも無いのか。それはわかりませんが、少なくとも「何か」が「有る」か「無い」かで測れるわけです。

結構この情報って重要だと思いませんか?

他の問題であるような「Aグループ」「Bグループ」という分け方ではなく、**「有るか無いか」が焦点になっている**のです。

また、無いものをわざわざ「無い」と書いているのも他の問題ではなかったことですね。普通なら、『『利』『固』『保』に共通するものはなんでしょう?』でもよかったはずです。それが、『『口』『題』『駄』は無い』とわざわざ書いてくれているのですから、もしかしたらこれもヒントかもしれません。

先程の、**「問題文には無駄なことは書かれていない」**の法則ですね。

また、ちょっと気になるのは「駄」という漢字は他の漢字と違って、組み合わせて作れ

る熟語が多い漢字ではありませんね。よく見かけるわけでもありません。「駄目」とか「無駄」とか、そんな言葉でしか見かけない漢字です。

先程ご紹介した通り、**ハズレ値はヒント**になります。「駄」もヒントかもしれませんね。

ということで、

- 「有る」と「無い」で判断できる
- 「『口』『題』『駄』は無い」も重要な情報かもしれない
- 「『駄』が無い」なのは、何かヒントになるかもしれない

これで、ちょっと大切そうな情報が生み出せますね。

ここで、もう一度整理してみましょう。

- 「利」「固」「保」は有る
- 「口」「題」「駄」は無い

・「共」には、有るかもしれないし無いかもしれない
・「有る」と「無い」で判断できる
・『口』『題』『駄』は無い」も重要な情報かもしれない
・『駄』が無い」なのは、何かヒントになるかもしれない

先程と比べて情報が2倍以上になりましたね。

ここからは先程の情報処理でも出てきた「ゴールから逆算する」ということをやってみましょう。

STEP 3 ゴールから逆算する

ゴール
・「利」「固」「保」は有り、「口」「題」「駄」は無いものは、「共」には有るのか? 無いのか?

ヒント
・「有る」と「無い」で判断できる
・「『口』『題』『駄』は無い」も重要な情報かもしれない
・「『駄』が無い」なのは、何かヒントになるかもしれない

ここまでくれば、もう答えを思い付いている人も多いかもしれません。

STEP 4 組み立てる

さて、組み立てていきましょう。

ポイントは先程の**「『駄』が無い」**です。ここで出てくる2つの漢字を使った熟語、みなさんもご存知ですよね？

そう、**「無駄」**です。

ヒントをもう一度チェックすると、

・『口』『題』『駄』は無い」も重要な情報かもしれない

とあります。「駄」と同じように「無」とそれぞれの漢字を組み合わせると

「無口」「無題」「無駄」

となることがわかります。

・「有る」と「無い」で判断できる

・「利」「固」「保」は有る

というヒントもありましたから、先程と同じく「有」と漢字を組み合わせると

「有利」「固有」「保有」

となりますね。
そう、問題の漢字は「有利」「固有」「保有」「無口」「無題」「無駄」、と**「有」「無」で漢字が作れるもの**なのです。

もうおわかりですね？

「共」は「無」とくっつく漢字はありませんが、「有」とくっついて「共有」を作ることができます。つまり、**「ある」**が正解です！

答え自体は問題文に書いてありました。それに、気付いてから問題文を見ると、「駄」の怪しさが際立っていますね。

問題文には無限のヒントが秘められています。ですから、それをきちんと読み解こうとすることが大切なのです。

Q1 答え

ある

問題の漢字は「ある」は「有」の漢字と、「ない」は「無」の漢字とそれぞれ熟語が作れるものでした。「共」は「有」と組み合わせると「共有」という熟語になるため、答えは「ある」です。

読解力

Q2

「信号機」と「じゃんけん」には共通点があり、「さくらんぼ」と「靴下」にも共通点があります。この共通点で考えると、「虹」と同じなのは何？

TODAI DRILL

解説

どうでしょうか？　みなさん解けましたか？

……といっても、ぱっと見では「信号機」と「じゃんけん」の共通点も、「さくらんぼ」と「靴下」の共通点も、思い付きませんよね？　どれもこれも、全然ジャンルが違います。

でも、これも4STEPで解くことができます！

STEP 1 情報を自分の言葉で言い換える

まずは整理です。

- 「信号機」と「じゃんけん」は一緒の点がある
- 「さくらんぼ」と「靴下」にも一緒の点がある
- 「虹」と「何か」が一緒の点がある

ですね。
うーん、この時点ではなかなか思い付きません。

STEP 2 問題文を読み解いて情報を増やす

次は、読解で情報を増やしましょう。

この問題って、ちょっと変な書き方をしていますよね？ **「この共通点で考えると」**って書いてあるんです。これ、どういう意味でしょう？

よくわかりませんが、「信号機」と「じゃんけん」が1セットで、「さくらんぼ」と「靴下」も1セット。で、「その分け方で考えると」、「虹」と「何か」が1セットになることがわかります。

つまりこれ、「共通点」を探すというよりは、**「組み分けの仕方」を探す問題**なんです。

また、登場している単語にも共通点があるかもしれません。なんの意図もなく、「信号機」とか「じゃんけん」とか「さくらんぼ」とかを選んでいるとは思えません。もしかしたら、これらの言葉全てに共通する要素があるかもしれません。それがわかれば、きっと組み分けの仕組みもわかるようになるはずです。

整理すると、次のように書き直せます。

- 「信号機」と「じゃんけん」はAグループ
- 「さくらんぼ」と「靴下」はBグループ
- 「虹」と「何か」はCグループ
- 「信号機」「じゃんけん」「さくらんぼ」「靴下」「虹」の共通点があるのかも？
- 「組み分け」がどういう仕組みで行われているのかわかれば答えが出るかも？

STEP 3 ゴールから逆算する

さてさて、次は「ゴール」を明確にしましょう。

一体この問題は、どうすれば「ゴール」なのでしょうか？

・「虹」と同じ共通点のある「何か」とは？

この「何か」を言い当てられれば正解になるわけですね。
このヒントになるのは、先程整理した情報です。

・「信号機」と「じゃんけん」はAグループ
・「さくらんぼ」と「靴下」はBグループ
・「虹」と「何か」はCグループ
・「信号機」「じゃんけん」「さくらんぼ」「靴下」「虹」の共通点があるのかも？
・「組み分け」がどういう仕組みで行われているのかわかれば答えが出るかも？

STEP 4 組み立てる

さて、どれから攻めましょう？
このようなときは**一番手がかりとなる情報が多そうなものから攻めるのがコツ**です。

そう考えると、一番情報が多いのは

・「信号機」「じゃんけん」「さくらんぼ」「靴下」「虹」の共通点があるのかも？

ですね。2つの単語の共通点を探すより、5つの単語の共通点を探した方が、見つけやすいはずです。

さあ、みなさん、思い付きますか？

言葉の意味は関係なさそうですね。全てただの名詞ですから、意味なんてなさそうです。英語にしても共通点は見いだせそうにありません。では、「数」はどうでしょう？　画数は関係なさそうですが、「数」と考えるとピンときた方も多いのではないですか？

信号機は、「赤黄青」の3種類で構成されています。じゃんけんは、「グーチョキパー」の3種類で構成されています。

また、さくらんぼも靴下も2つで1つの構成としてイメージされることが多いですよね。それが、先程お話しした「組み分け」を作っていたのです。

つまり、この5つの単語に共通するのは**「数の要素」**だったのです。

ここまでわかればあとは単純です。「虹」は、7色で構成されているものです。つまり、**「7つで1セットのもの」**を探せばいいわけです。思い付きますか？

これは複数答えがあるのですが、一番わかりやすいのは**「曜日」**ですね。月火水木金土日は、7つで1セットです。また、**「7つの大罪」**や**「七福神」**なんかも正解になると思います。

いかがでしょう？「共通点を探す」「組み分けがわかればいい」みたいな情報を、文章の読解から探すことができれば答えられる問題でしたね。

Q2 答え

曜日
7つの大罪
七福神

共通点は構成されている「数」でした。「虹」は、7色で構成されているため、「7つで1セットのもの」を答えれば正解です。月火水木金土日の7つで構成されている「曜日」など、答えは複数考えられますので、ぜひ見つけてみてください！

読解力

Q3

「犬」↕「神」

「お父さん」↕「お父さん」

「お母さん」↕「お母さん」

「正午」↕「正午」

「門番」↕「名札」

では、

「悪」↕「?」

TODAI DRILL

解説

なんだか難しそうな問題が出てきました。この問題、みなさんは答えがわかりましたか?

STEP 1 情報を自分の言葉で言い換える

整理すると、

・「犬」↕「神」
・「お父さん」↕「お父さん」
・「お母さん」↕「お母さん」
・「正午」↕「正午」
・「門番」↕「名札」
・この法則において、「悪」は何と対応する?

という問題だと考えられますね。

STEP 2 問題文を読み解いて情報を増やす

さて読解です。

え？　でも文章がゼロだから、問題文にヒントとかないんじゃないかって？

いえいえ、そんなことはありません。今回も、問題をちゃんと見れば、いろんな情報を得ることができます。

例えば、**「↕」**です。普通なら、「犬↓神」というふうに、言葉から言葉に矢印が書かれている場合は不可逆的・戻せない変化と書かれていることの方が多いです。例えば文字を付け足す場合、普通は付け足してしまった後の方が重要なので、「↓」と書くはずです。

つまりこれは、**可逆的・戻せる**し、なんならどっちが先でもいいんだけど、一応「犬↕神」と書いているだけだということです。**「犬↓神」「神↓犬」**ということです。

そして、その変化をさせたときに、変わらないものが「お父さん」「お母さん」「正午」です。もしかしたら、5つの共通点ではなくこの3つの共通点を探した方がうまくいくかもしれませんね。

・「↕」は、変えられる変化であるという意味だろう
・「お父さん」「お母さん」「正午」は、変化しない単語なので、何かこの3つで共通点が発見できるかも

STEP 3 ゴールから逆算する

さて、この問題のゴールはなんだったでしょうか。「悪」↕「?」の?に入る言葉を探せというのが問題でしたが、そのためには「↕」の意味を知る必要があります。

・「↕」の変化が何を指すのかを知る

これで、「悪」がどうなるかがわかるはずです。

・「犬」↕「神」
・「お父さん」↕「お父さん」
・「お母さん」↕「お母さん」
・「正午」↕「正午」
・「門番」↕「名札」
・この法則において、「悪」は何と対応する？
・「↕」は、変えられる変化であるという意味だろう
・「お父さん」「お母さん」「正午」は、変化しない単語なので、何かこの3つで共通点が発見できるかも

いろいろな情報が出てきましたね。
さて、答えがわかりますか？

STEP 4 組み立てる

この問題には2つの解き方があります。

1つめは、

・「犬」↕「神」

という**単純な情報から考えてみる方法**です。なんとなく、この変化は他のものと違って言葉が簡単なのでわかりやすそうです。

もう1つの解き方は、

・「お父さん」「お母さん」「正午」は、変化しない単語なので、何かこの3つで共通点が発見できるかもという**情報の多いヒントから考えていく方法**です。こっちも結構ラクで、これらの単語の共通点を探すと、自ずと答えが出ます。

さて、この2つの解き方両方で考えたときに、何か言葉を足すわけではなく、可逆的な変化ということは、「↕」とはなんなのでしょうか？

そのままではなかなか見つかりそうにありませんが、「↕」の意味を考えれば実は答えが見えてきます。対になるものを表す場合が多い「↕」ですが、もしかしたら**何かをひっくり返す可能性**がありますね？　でも、日本語をそのままひっくり返しても意味が通らない……と、ここまで来たらお気付きの方も多いかもしれません。

正解は、**「英語でスペルをひっくり返す」**というものです。

dogは、ひっくり返すとgodになります。その逆も同じことが言えますよね？　だから「↕」は双方向だったのです。

また、「お父さん」「お母さん」「正午」はどうでしょう。「お父さん」はdad、「お母さん」はｍａｍ、「正午」はｎｏｏｎで考えた場合、全て逆から読んでも同じ意味の英単語という共通点があります。ここから「↕」が英語でスペルをひっくり返すってことだとわかる人もいると思います。

同様に、「門番↕名札」は「ｇａｔｅｍａｎ」↕「ｎａｍｅｔａｇ」だと考えられます。そして「悪」は「ｅｖｉｌ」。答えは、**「ｌｉｖｅ」**なので**「生きる」**とか**「住む」**という意味で正解になります。

Q3 答え

生きる
住む

「↕」は英語でスペルをひっくり返すということを表していました。「悪」は英語にすると「ｅｖｉｌ」なので、ひっくり返すと「ｌｉｖｅ」。答えは「生きる」や「住む」となります。

読解力

Q4

「あるもの」を比べると、1と2と3は「引き分け」ですが、4は「勝ち」。5・6・7・8・9・10……と、5以上の数字はずっと「負け」です。一体何を比べているでしょう?

TODAI DRILL

解説

……なんでしょうこれ？　まず問題文が読みづらいですね。
しかし、こういう問題こそ、4つのSTEPで解きにいけばいいのです。

STEP 1 情報を自分の言葉で言い換える

まずは整理です。というか、この問題は整理がどれくらいきれいにできるかで答えが出るかが決まるといっても過言ではないでしょう。**複雑になっているものを簡単にできれば、答えにたどり着く可能性は一気に高く**なります。

- 1、2、3の数は、ある勝負方法では引き分け
- 4は、ある勝負方法で考えると勝ちとなる
- 5、6、7、8、9、10、11など、5以上の全ての数は、ある勝負方法では負けになる

「『あるもの』を比べると、」と書いてあると解きづらいですが、要は『ある勝負方法』で考えたときにどうなるか」という話だと解釈することができると思います。

STEP 2 問題文を読み解いて情報を増やす

では読解していきましょうか。

なんだか読解しがいのある文章っぽいですが、どうですかね？

まず、「5以上の数字はずっと『負け』」となっているということは、その気になれば100億でも1兆でも、**桁がどれだけ大きくなっても「比べられる」勝負方法**であることがわかります。これはヒントになりそうですね。8や9などの1桁の数だけではなく、ずっと勝負できるわけです。

また、「引き分け」というのも気になります。というのは、「引き分け」がある勝負ってめずらしくないですか？　じゃんけんだったら同じ手だった場合引き分けになりますが、スポーツでもなんでも、引き分けになるゲームってそんなにないですよね。**「引き分けが**

ある」というのはヒントっぽいです。

さらに、「比べる」という表現。これ、数字と「何か」を比べているみたいですが、**「比べる対象がある」**ということだけははっきりしています。これもどうやらヒントになりそうですね。

まとめると、

- どんな数でも勝負できる
- 引き分けが存在する
- 数字と、何か「比べる対象」がある

ですね。

STEP 3 ゴールから逆算する

さて、ヒントも固まったところでゴールはどこでしょう？

「一体何を比べているでしょう?」と聞いているということは、

・**勝負方法がわかればいい**

ということです。

なんだかよくわからないけれど、何がどう比べられているのかがはっきりすれば答えになるのです。

これを、

・1、2、3の数は、ある勝負方法では引き分け
・4は、ある勝負方法で考えると勝ちとなる
・5、6、7、8、9、10、11など、5以上の全ての数は、ある勝負方法では負けになる
・どんな数でも勝負できる
・引き分けが存在する
・数字と、何か「比べる対象」がある

というヒントとともに考えてみれば正解が導けるはずです。

STEP 4 組み立てる

では組み立てましょう。

この場合、一番考えやすいのは「引き分け」です。

「引き分け」というのは、「同じ値」のときに引き分けになります。じゃんけんなら同じ手、ポーカーでも同じ手、他のゲームでも同じ値が出たら引き分けになりますね。

そうすると、「1、2、3の数は、ある勝負方法では引き分け」というのは、**1のときは1で、2のときは2で、3のときは3になる何かがある**のだと思います。

ここから考えてみるとどうでしょう？　1のときに1になるのって、一体どういうものでしょうか？

……正解は、**「漢字の画数」**です。

「一」「二」「三」は、画数が1画、2画、3画となっています。これを指して、「引き分け」と言っているのです。

「四」は、画数が5。漢字の画数と数字を比べて、画数の方が大きい場合を勝ちとしているようです。

そしてこれ以降、画数は途端に少なくなります。「五」「六」「七」はそれぞれ4画、4画、2画ですし、10は「十」という2画ですんでしまいます。「百」だって6画です。これ以降も画数は必ずその数字より小さくなりますよね。だから、5以上は負けなのです。

「あるもの」が「漢字に直したときの画数」と思い付くのは至難の業かもしれません。でも、「引き分け」というのがなんなのかを考えていけば、こんなふうに答えを導くことができるのです。

Q4 答え

漢字の画数

漢字の画数と数字を比べたときに、漢字の画数が大きい場合を勝ち、小さい場合を負けと考えます。1、2、3は漢字にすると「一」が1画、「二」が2画、「三」が3画で引き分け。4は「四」が5画となるので勝ち。それ以降の数字は全て画数の方が小さくなるので負けとなります。

読解力

Q5

親が2人、子供が2人の家族があり、このうち3人は男性です。
その家族の中で「ある男性」は、父親が「私」の父親の息子にあたる人物です。
「ある男性」とは、「私」とどういう関係にある人物？

TODAI DRILL

解説

STEP 1 情報を自分の言葉で言い換える

まずは整理しましょう。

- 親2人、子供2人
- 親2人、子供2人のうち3人は男性である
- 「ある男性」は、父親が「私」の父親の息子にあたる人物

整理したら、ずいぶんわかりやすくなりました。

ここまでは問題ありませんね。

STEP 2 問題文を読み解いて情報を増やす

でもここから、この問題は難しいんです。

なぜなら、そのままでは解けない問題だからです。

お父さんとお母さんで親2人、その子供が2人の4人家族だった場合、誰かさんの「父親が『私』の父親の息子」、というのはありえない話です。

ということは、**親子二世代の普通の家族の形ではない**ことがとりあえずわかります。

もう少し詳しく見ると、「父親が『私』の父親の息子」ということは、**「ある男性の父親」は「私」の兄弟か私自身を指して**

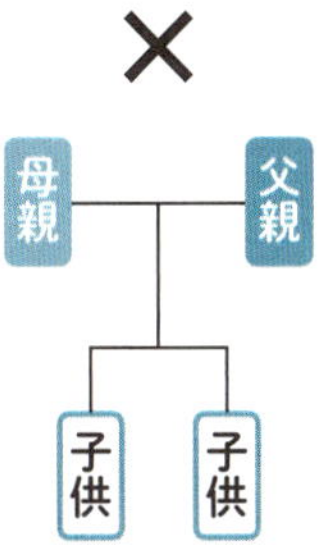

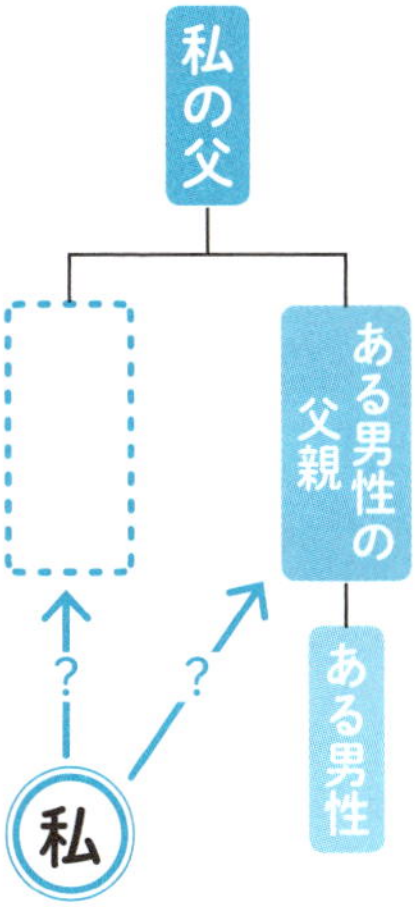

いるとわかりますよね。

また、もう1つ読解できるのは、親2人、子供2人いたときに、男性は「ある男性」と「父親」で3人中2人決まっています。**男性の枠はあと1人**となります。

まとめると、こうなります。

・お父さんとお母さんで親2人、その子供が2人の4人家族ではない
・「ある男性の父親」は「私」の兄弟か私自身を指している
・男性は「ある男性」と「父親」で3人中2人決まっており、男性はあと1人

STEP 3 ゴールから逆算する

この問題のゴールは、「父親が『私』の父親の息子にあたる人物（ある男性）」が誰かを言い当てるということになります。

・「父親が『私』の父親の息子にあたる男性」を考えればいい

ということは、先程整理した情報を「このゴールに当てはまるように」考えていけばいいのです。ここでは、最初に二世代だと考えていた人は三世代になるように、**問題文の解釈を変えていく必要があります**。

「え？　問題文の解釈を変える？　そんなことしていいの？」と思う人もいるかもしれませんが、読解力というのは時に、自分の読解を変えていくということも必要なのだと思います。「絶対読めている！」と思っているうちは、読めていない場合にそれを修正することができません。でも、**「ゴール」を知って、それによって修正していけば答えが出る**のです。そういう軌道修正の能力も含めて、読解力の一種なのです。

STEP 4 組み立てる

- お父さんとお母さんで親2人、その子供が2人の4人家族ではない
- 「ある男性の父親」は「私」の兄弟か私自身を指している

この時点で、二世代の話ではうまく対応できないことがわかってしまいます。つまりは、三世代の話を適合させられるように、この条件をうまく考え直さなければならないということです。

三世代になるように問題文を解釈し直すと、それだけで答えになります。

ここで、最初のヒントを見てみましょう。

・親2人、子供2人

この条件にはある抜け道があるのです。

別にこの問題、**「4人家族」とは書いていません**。というか普通に考えれば、4人で三世代というのはあんまり考えにくいです。しかし、母子家庭、父子家庭の家族を考えると、四世代までは可能なのです。

そして、**「親2人、子供2人」というのは、1人2役があってもいいはず**です。

例えば祖父・父親・子供の三世代を考えたときに、父親は子供から見たら親で、祖父から見れば子供です。そういう三世代の家族だと解釈を変えれば、答えがわかるのです。

つまり、

- **「ある男性の父親」は「私」の兄弟か私自身を指している**

このヒントにあるように、「ある男性の父親」を「私自身」と解釈することで辻褄を合わせられるのです。**「私」が父親で、「ある男性」が自分の息子で、あと祖父がいる家庭**にあって、この問題は成立させられるのです。

いかがでしょうか？

問題文の印象で「4人家族だな」と考えると答えられません。3人である可能性も考えたりして、条件に合うゴールにたどり着けるように考えていくことで、正解を導き出すことができます。

Q5 答え

「ある男性」は「私」の息子

祖父 → ・父親の親

父親 → ・祖父の子供
・ある男性の父親
➡ **私**

ある男性 → ・父親の子供

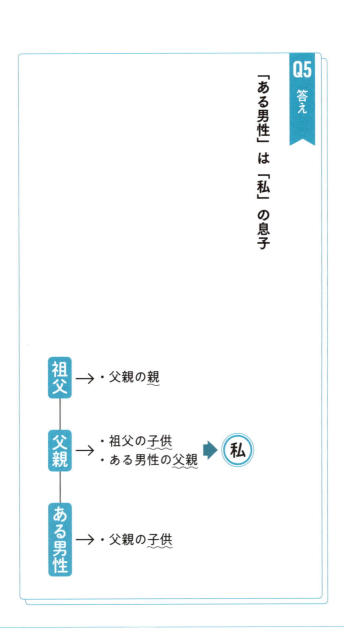

読解力

Q6

「楽」「日」「延」「恐」「多」「少」などの漢字には共通点があります。
共通点を見つけましょう！

TODAI DRILL

解説

STEP 1 情報を自分の言葉で言い換える

この問題は、問題文が短いですね。
けれど、どんなに文章が短くても、やることは変わりません。情報を整理しましょう。

・「楽」「日」「延」「恐」「多」「少」に共通するポイントを探す

……うーん。整理すべき情報も少ないですね。

STEP 2 問題文を読み解いて情報を増やす

問題を解くには、短い文章からできるだけ多くのヒントを得る必要があります。

また、この問題であれば、1つ忘れてはならないポイントがあります。**「など」**です。この一言があるのとないのとでは天と地ほどの差があります。つまり、**この6つの漢字が全てではない**のです。もっと違う漢字も存在しているけれど、ここに書かれているのは6つというだけなのです。これは、共通点を探すのに大きなポイントになるでしょう。

そして、**「漢字」というのもヒント**の可能性が高いです。漢字でなければ共通点にならない可能性がありますよね。さらに、挙げられている漢字は全て「1文字」というのも気になります。2文字ではなく、**1文字でしか成立しない**ものなのかもしれません。

結構多くのヒントを集められましたね。まとめてみると、こうなります。

- **挙げられている漢字以外にも当てはまり得る漢字は存在する**
- **漢字でなければならない**
- **しかも、1文字の漢字でしか成立しない共通点の可能性がある**

このように文章が短くても、その中のヒントをじっくり探し出すようにしましょう。

STEP 3 ゴールから逆算する

さらに次は、「ゴール」を明確にしましょう。この問題のゴールはどこでしょうか？

これに当てはまる他の漢字を見つけるのではなく、「共通点を探す」ということですね。

- 「楽」「日」「延」「恐」「多」「少」などの漢字に共通しているものがなんなのか、共通点が見つかればいい

ということがわかりますね。これと、

- 挙げられている漢字以外にも当てはまり得る漢字は存在する
- 漢字でなければならない
- しかも、1文字の漢字でしか成立しない共通点の可能性がある

このヒントを一緒に見て、共通点がわかれば問題解決です。さて、何か思い付きますか？

まあ、漢字1文字に共通する可能性のあることなんて、実はそんなにありませんよね。

そこから考えてみるとどうでしょうか？

STEP 4 組み立てる

漢字1文字で共通する可能性のあること……ってなんでしょうね？

何かこれらの漢字とくっつけるものがあるのでしょうか？　部首やつくりには共通ポイントはなさそうですし、画数や読み方もまるっきり違いますから、何かがくっつくのが一番ありえそうです。

・**「楽」「日」「延」「恐」「多」「少」などの漢字に共通しているものがなんなのか、共通点が見つかればいい**

何が共通ポイントでしょうか？

……実はこれ、**同じ漢字を重ねると言葉になる**ものなんです。「楽々」「日々」「延々」「恐々」「多々」「少々」のように、同じ言葉が重なって1つの言葉ができるものが選ばれていました。1文字の言葉でないとこれは不可能ですし、他にも探せば「代々」「粛々」などの漢字も当てはまります。

全てが「漢字一文字」で「それの共通点はなんだろう？」と探すと答えにたどり着くことができるというのが、この問題のミソでした。みなさんはできましたか？

Q6 答え

同じ漢字を重ねると言葉になる

問題に出てくる漢字は、重ねると「楽々」「日々」「延々」「恐々」「多々」「少々」となり、1つの言葉ができあがります。

TODAI
DRILL

3章

客観的思考力

相手（=ゴール）の
目線に立って問題を解く

TODAI DRILL

「相手がわかるもの」からスタートする

さて、3章は「客観的思考力」です。

これは**「他者視点」**と言い換えてもいいかもしれませんね。**「どれくらい他人の目線に立って物事を考えられるか」**という能力です。

「しゃらくせえ！　自分は自分のことだけ考えてればいいんだ！」

「他人の目線なんて気にしないぜ！」

そんな唯我独尊な考えをする人もいるかもしれませんが、それだと解けない問題というのがこの世には存在するのです。

例えば、日常の中でこんな問題に出くわしたら、みなさんはどうしますか？

例題

漫画『ドラえもん』を、この本を読んだことのない相手に薦めなさい。

自分の好きなことを誰かにオススメしたくなること、ありますよね？　でもなかなか、上手にオススメできる人っていないと思います。

みなさんは、食レポをやったことはありますか？　テレビのコメンテーターさんなんかはうまく「美味しい！」ということを伝えますが、実際にやってみるとあれ超難しいです。だって、相手はその料理を食べていないのです。食べていない相手に「これめっちゃ美味しいです！　グワーってなってぎゅーっとしててうまいっす！」なんて説明した日には、「わかんねーよ！」と石が飛んできそうです。もしかしたら、相手も同じものを食べたなら、「グワー！」も「ぎゅー！」もわかるかもしれません。「ああ、この食感のことか」と理解してくれる可能性があります。でも、そうでないなら伝わりようがありませんよね。

本も同じです。自分はその本を読んでいたとしても、相手が読んでいないなら、本の内容についていくら話しても伝わりようがありませんね。「あそこのヒロインが死んじゃうシーンがすごくよかった」と話しても、「そんなシーン知らないよ」と言われて終わってしまうわけです。

これが「他者視点」の大切さです。相手と自分は根本的に違うもの。価値観も文化も、思考も性別も、さっき食べたご飯も、読んでいる本も、何もかも違う相手に何かを理解してもらうためには、**「相手の目線に立つ」**という行為が必要なのです。

では、このためにどうすればいいかといえば、簡単です。先程僕は「ゴールから逆算することで問題を解く方法」をみなさんに紹介しましたが、これと同じことをすればいいのです。

つまり、**「相手」から始めればいい**のです。

ＳＴＥＰ１　相手が理解できるものを列挙する
ＳＴＥＰ２　自分の伝えたいものと近いものを選ぶ
ＳＴＥＰ３　組み立てる

はじめに**「相手がわかるもの」から思考をスタート**して、そこから組み立てるのです。
こうすれば、「相手に伝わらない話」をすることがなくなり、他者視点を持って話すことができます。

TODAI DRILL

有効なのは「相手の経験」と「肩書き」

先程の質問で考えてみましょう。「漫画『ドラえもん』を、この本を読んだことのない相手に薦めなさい」。みなさんはどんな言葉をチョイスして、相手に伝えますか？

まずはSTEP1で**「相手が理解できる、本の面白さ」**を考えてみましょう。みなさんはどんな本を面白いと感じるでしょうか？

このときに一番有効なのは、**「相手がどんな経験をしているか」を考える**ことです。

例えば、出産をすることがない男性に出産の苦しみを伝えることは不可能ですよね？経験することがないから、その痛みを想像することしかできないはずです。しかし、「ぎっくり腰の50倍痛いよ」「骨折の30倍痛いよ」と言われると、「そんなに痛いんだ!?」とわかると思います。「出産」は男性には経験できないけど、「ぎっくり腰」や「骨折」なら男性も経験できる。「相手が理解できること」というのは、**「相手も同じ経験をしていること」から逆算**してもいいのです。

『ドラえもん』だって、「映画のジャイアンがかっこいい」「ドラえもんのキャラがいい」と言っても、ジャイアンもドラえもんも知らない人にとっては「？」です。ジャイアンのかっこよさもドラえもんのキャラのよさも理解できる経験がないから、わからないのです。

だからこそ、**「相手も経験していること」をオススメする**のです。例えば、本のキャッチコピーには「主人公に感情移入できる感動的な小説！」とか「ギャグが面白くて、めっちゃ笑える漫画！」とか、そういう言葉が並んでいることがありますよね。これは、そのキャッチコピーを見る人が「あ！　最近感情移入できる小説を読んで面白かったんだよね。これも面白いかも？」とか「ギャグ漫画大好き！　この漫画も笑えるんだ！」と、**他の本を読んだ経験から繋げて理解できる**からです。

また、そう考えたときに、**「肩書き」**というのも実は有効になります。例えば、「出産は、人間が感じる痛みの中で一番強いものだ」と言われたら、「それは痛い！」ってなりますよね。なぜなら、「自分もいろんな痛みを知っているけど、それよりも上の痛みなんだ！」と**自分が経験した他のものと比較できる**からです。

だから今回でいえば、「1000万部も売り上げている、超人気漫画なんだよ！」とか「今勢いのある漫画の1位に選ばれたんだよ！」と言われたら、「なるほど！　それは読まなきゃ！」ってなると思います。なぜなら、「私が読んで面白かった、あの漫画よりも売れているらしい。それならきっと面白いはず！」と、自分の経験と比較できるからです。

ですから今回でいうならば、

・他の本を読んで経験できる、本の魅力
・その本の肩書き

こういったことが「相手が理解できる魅力」になりそうです。

TODAI DRILL

「自分の伝えたいこと」に近付ける

ＳＴＥＰ２は簡単です。ＳＴＥＰ１で考えた「魅力」を、オススメしたい本に近付ければいいのです。

今は、1章・2章でお話しした「ゴール」が明確化した状態です。ここから逆算することで、「他者目線」＝「客観的思考力」のある回答へと繋がっていくわけです。

では1つずつ考えていきましょう。まずは**「他の本を読んで経験できる、本の魅力」**について。

『ドラえもん』の魅力とはどんなものでしょう？　読んだことのある人でも、「魅力」を問われるとすぐには出てこないですよね。でも、よくよく考えてみるとあの作品ってドラえもんという「未来の世界のロボット」が出てくる「SF（サイエンスフィクション）」の作品なんですよね。未来の世界の科学テクノロジーが登場し、現代に生きるのび太くんの日常の問題を解決してくれるからこそ、読んでいて「ワクワク」する、というわけです。

未来の話が出てきて「ワクワク」させられる本というのは多いですよね。ドラえもんを読んでいなくても、この「ワクワク」は伝わるかもしれません。

次に**「肩書き」**ですが、これはもう『ドラえもん』は鬼のようにたくさんあります。40年以上アニメ化されていて、毎年のように映画化されている、大人から子供まで楽しめるコンテンツ。時を超えて愛される、多くの作品に影響を与えた不朽の名作。

それがドラえもんですよね。

STEP3では、今作った**「伝えたい魅力」を組み立てれば完成**です。

「読んでいてワクワクする」「未来の話が出てくる」「40年以上アニメ化」「毎年映画が上映される」「不朽の名作」……これらを全部混ぜ込みつつ、わかりやすくまとめましょう。

例えば僕が、ドラえもんをオススメするならこんな文章になります。

答え

「未来のテクノロジーを使った、夢のような秘密道具が登場する作品で、読んでいてワクワクするよ！　ずっと昔から愛されている不朽の名作で、40年以上アニメが続いていて、毎年映画が上映されているんだ！」

……と、こんな感じでしょうか。これなら、「なるほど、1回くらい読んでみようかな」

という気になるはずです。

誰かに何かを説明したり、プレゼンしたりするときに、**相手の理解できるものから入って組み立てていく**。これによって客観的に物事を考えられるようになります。

ここからの問題では、「ちょっと説明しづらいもの」「オススメしにくいもの」を問題にしています。それをどう説明するかを通して、客観的思考力を鍛えていきましょう！　ぜひ挑戦してみてください！

客観的思考力

Q1

あなたはおばあちゃんに、「インターネットの便利さ」を具体的に説明しなければなりません。でも、そのおばあちゃんは「パソコン」「マウス」「ホームページ」などのカタカナ語が全くわかりません。「インターネットの便利さ」を、カタカナを使わないでおばあちゃんに具体的に説明しなさい。

TODAI DRILL

解説

カタカナ語が全くわからないおばあちゃんに、「インターネット」のことを伝える……。これってすごく難しいですよね。例えば、「メール」とかも使えませんから、「人と連絡が取れる便利な機能がある」と説明しても、「それは手紙じゃダメなのかい？」と言われてしまいそうです。「そうじゃなくて、すぐに連絡が取れるんだよ！」と言っても「電話でも同じことできるんじゃないのかい？」と言われてしまうかもしれません。カタカナを使わないだけで、相当説明の幅が狭まってしまいます。

こんなときにこそ求められるのが、「客観的思考力」。**おばあちゃん目線に立って話せばいい**のです。

STEP 1 相手が理解できるものを列挙する

おばあちゃんはカタカナ語がわからないそうですが、逆におばあちゃんにわかるものってなんでしょうか？

カタカナじゃないにしても、確実にSNSはわからないですよね。スマホも使っていないでしょうし、Ｇｏｏｇｌｅ先生に頼ったこともないはずです。

でも、おばあちゃんが**「経験していること」ならわかる**はずです。先程も言いましたが、「相手が経験していること」というのは理解してもらえる場合が多いです。

そう考えると、さっきの話で登場した**「電話」**や**「手紙」**は使ったことがあるはずですね。また、普段おばあちゃんがやっていそうな**「買い物」**や**「食事」**も理解してくれると思います。娯楽であれば、**「読書」**や**「旅行」**、**「散歩」**はわかってくれるはずです。

STEP 2 自分の伝えたいものと近いものを選ぶ

「電話」に「手紙」、「買い物」に「食事」、「読書」に「旅行」に「散歩」。これらの中から、**「自分が伝えたいこと」と繋がりそうなもの**を選んでみましょう。

伝えるべきは「インターネットの便利さ」ですが、これらのうちインターネットが便利にしてくれたものとは一体なんだったでしょうか？

1章 情報処理力
2章 読解力
3章 客観的思考力
4章 論理的思考力
5章 アイデア力

ぱっと思い付くのは、**「買い物」**ですね。Ａｍａｚｏｎをはじめとする通販で、**お店に行かなくてもインターネットで買い物ができる**ようになりました。または、**「読書」**も便利になったのではないでしょうか。電子書籍によって、**分厚い本もラクに持ち運びできる**ようになりましたし、**わからない言葉があってもすぐ検索できる**ようになりました。「買い物」と「読書」はこれで説明できそうです。

あとは僕なら、**「食事」**とか**「旅行」**を選びます。この2つからも、インターネットの便利さを説明できるのですが、みなさんならどう説明しますか？

STEP 3 組み立てる

「食事」と**「旅行」**は、そこに行ったことのある人がネット上に感想を書いてくれています。例えば「台湾に旅行に行ったけど、めっちゃご飯が美味しかった！」とか「このお店雰囲気がいいよ！」とか。インターネットはいろんな人と繋がれるからこそ、そういう**自分が欲しい情報を他の人から教えてもらえる**のです。

これをまとめて、

「おばあちゃんが買い物をしたくなったら、いつでも好きなときに自由に買えて、お店に行かなくても家まで届けてくれるんだよ」

「おばあちゃんが本を読むときに、電子書籍っていうのを買うと、分厚い本もラクに持ち運べて、わからない言葉があってもすぐ調べられるんだよ」

「おばあちゃんが旅行とか外食に行くときに、そこに行ったことがある人から、感想を教えてもらったり、そこの情報を聞いたりできるんだよ」

なんていうと、おばあちゃんにも「インターネットの便利さ」が伝わるのではないでしょうか？

「インターネットの便利さ」なんていうと、「あらゆる情報を一瞬で集められて……」とか「世界中の人と常に繋がった状態になれて……」とか、そういう難しいことを考えてしまう人もいると思いますが、そこは**相手の身近なこと**から考えましょう。そんなふうに小難しい話をされるよりも、「お店に行かなくても買い物できるんだよ！」とか「お店の感想を聞けるんだよ！」とか**日常の具体的なこと**の方が、なんとなくわかってもらえそうですよね？　相手の目線に合わせるというのは、こういうことなのです。

Q1 答え

「おばあちゃんが買い物をしたくなったら、いつでも好きなときに自由に買えて、お店に行かなくても家まで届けてくれるんだよ」

「おばあちゃんが本を読むときに、電子書籍っていうのを買うと、分厚い本もラクに持ち運べて、わからない言葉があってもすぐ調べられるんだよ」

「おばあちゃんが旅行とか外食に行くときに、そこに行ったことがある人から、感想を教えてもらったり、そこの情報を聞いたりできるんだよ」

客観的思考力

Q2

月額で一定の金額を渡す「お小遣い」のシステムですが、海外には「お小遣い」のシステムが少ないです。

外国のお母さんに、「お小遣い」のいいところを説明しなさい。

解説

みなさんの中にはお小遣いをもらったことがある人も多いと思いますが、実は世界的に見ると、お小遣いというのは希少です。ほとんどの国では、子供にお金を持たせないで欲しいものがあったときには親が購入したり、月額一定ではなく皿洗いやお使いなどの労働をした対価としてお金をもらう形式になっているのです。

では、このシステムのいいところってどんなところでしょう？

STEP 1 相手が理解できるものを列挙する

まずは、**相手がどんなことをメリットだと思うか**考えてみましょう。「それはいいね！」「効果的なシステムね！」と外国のお母さんに言ってもらうためには、どうすればいいでしょうか？

先程紹介したのは、**「相手が経験していること」から考える**という方法でしたね。相手は、お小遣い制を経験したことのない人です。そういう人に、お小遣いのいいところを話さなきゃならないのですから、**「相手は何を経験しているのか」**を考えてみないとダメです。

今回、説明する相手はお母さんです。お母さんが、子供に一体どんなことをするのかを考えてみましょう。親というのは、子供を育てる役割がありますから、ご飯を作ったり、洗濯をしてあげたり、時には勉強を見てあげたり、悪いことをしたら叱ったりして、身体的にも精神的にも子供を自立した大人にしていかなければなりません。つまりは**「子供を大人にする」ということをしている人**だということです。

きっと、そういう人に響くのは**「子供を大人にするために必要だ」**ということなのではないでしょうか？　わかりやすく**「子供の成長」と「お小遣い」を繋げて説明**できれば、相手にも伝わりやすいはずです。

STEP 2 自分の伝えたいものと近いものを選ぶ

では、「子供の成長」の中で、お小遣いと繋げて説明できそうなのはどういうものでしょうか？

「ご飯」とか「洗濯」などの身体を育てる上でやっていることは、お小遣いと結びつかなそうですね。お小遣い制を導入しても身体は大きくならないし、健康になるということもありません。これに関しては一旦置いておきましょう。

逆に、精神を育てるような行為に関しては、どうでしょうか。月額一定のお小遣いは計画的にお金を使う**「勉強」**といえるかもしれませんし、自分でお金を使わせるのは子供を**「自立」させるために必要なもの**であると考えられるかもしれません。精神的な、目に見えない成長の部分であれば、STEP3で繋げられそうですね。

STEP 3 組み立てる

さて、組み立ててみましょう。

相手に伝わりやすいのは、**「お小遣い」が「子供を大人にするために必要だ」と説明すること**。その中でも、「勉強」や「子供の自立」といった、**子供に対して精神的な成長を促せるもの**なら、お小遣いのメリットを伝えやすそうです。

ではまず、**「勉強」**について。お小遣いを与えれば成績が上がる……なんてことはないと思います。しかし月額一定のお小遣いをもらうと、限られた中からいくら使うか自分で計算して、何に使うか選択する必要がでてきます。その過程は、**計画性を身に付ける「練習」にもなりますし**、お金を使うことで**社会の「勉強」をしている**と考えることもできます。また、「自分の自由に使っていい」というのは子供の自主性を引き出すことにも繋がるので、**「子供の自立」にもいい影響がある**と考えられます。もらってすぐに使い切ってしまったらその月はずっと何も買えないですから、**「自己責任」を学ぶ**ことにもなるかもしれません。

お小遣いというのは、このような子供の成長に繋がる要素があるのです。**「勉強」にもなるし、「自立心」を身に付けられて精神的な成長を促すことができる**のが、お小遣い制度のいいところだと説明できますね。

また、「ご飯」をはじめとする身体的な成長に絡めたメリットも、実は頑張れば説明できます。

例えばわざわざお昼にお弁当を作るのではなく、お小遣いを多めに渡しておき、「昼ごはんは自分で買って食べなさい」といえば、お母さんの仕事が少なくなります。また、育ち盛りの子供にお小遣いを渡して、お腹が空いたときに好きに食べられるようにすることも考えられます。

こうした話をすれば、多分外国のお母さんも「なるほど！　それはいいね！」と言ってくれるのではないでしょうか？

Q2 答え

「月額一定の『お小遣い』をもらうと、子供自身が限られた中からいくら使うか自分で計算して、何に使うか選択しなくてはいけなくなるんだ。だから、計画性を身に付ける『練習』にも社会の『勉強』にもなるし、『自立心』を身に付けられて精神的な成長を促すことができるんだ！」

客観的思考力

Q3

以下の特徴のある地域の観光WEBサイトを作ることになりました。あなたなら、どんな文言をホームページのはじめに入れますか？

・海に面した地域で、昔は船で外から人が多く訪れていた
・新鮮な海産物が取れるので、お刺身やお寿司が美味しい
・お寺も多く、大きな仏像が多く存在する
・お寺が海に面していて、お寺から海を一望できる

TODAI DRILL

解説

自分の住んでいる地域のPRというのは結構難しいものです。なぜなら、**自分たちが思っている魅力と、外の人が「それはいいね！」と言ってくれる魅力とは違う**からです。

この問題でいえば、「海があるよ！」と言っても「それだったら他の地域にもあるじゃん」と言われてしまいますし、「大きな仏像があるよ！」と言っても「そんなの奈良に行ったらもっと大きいのあるじゃん」と言われてしまいます。

一体どういうふうに観光サイトを作れば、人に来てもらえるのでしょうか？

STEP 1 相手が理解できるものを列挙する

この問題も前回と同じく、「相手の経験」に即して話を展開しましょう。ここでいう相手とは、観光客のことを指します。**観光客が、今までどんな観光をしてきていて、一体どんな観光を求めているのか**を考えてみましょう。

それがわかれば、きっとその人たちに響くホームページになるはずです。

まず観光といったら、**そこに行かないと見られないもの**を見に行くと思います。お城やお寺、大仏や自然などですね。わざわざ自分の住んでいるところから離れて遠くに行くのですから、そこでしか見られないものが見たいと思うのは当然です。

そして、**歴史を感じられるもの**というのはいいですよね。古くから受け継がれているものや何百年も続いているものは、その地域でしか存在しないので、気になる人も多いのではないかと思います。

また、美味しいご飯も食べたいですね。**その地域でしか食べられないような特産品とか郷土料理**というのは食べておきたいです。

あとは、**遊べる場所**があると嬉しいですね。見たり買ったりするだけじゃなくて、自分たちも何か体験できるようなものがあると嬉しいです。

他にも観光については「これを求める人がいるかも！」というものがあるかもしれません。ちょっとみなさんも考えてみてください！

STEP 2 自分の伝えたいものと近いものを選ぶ

「その地域でしか見られないもの」「歴史を感じられるもの」「その地域でしか食べられないもの」「遊べる場所」……この中からこの地域と結びつきそうなものを選びましょう。

まず、「遊べる場所」というのはちょっと難しそうですね。遊び場はこの地域にはなさそうでした。強いていえば海に面しているので、海水浴ができればいい……といったくらいの話ですね。

次に、**「その地域でしか見られないもの」**ですが、これはどうでしょう？　ちょっと難しいですが、**「お寺が海に面していて、お寺から海を一望できる」**というのはそれっぽいと思います。これをうまく「この地域にしかない！」というように言えれば、かなりキャッチーになるのではないでしょうか。

「歴史を感じられるもの」「その地域でしか食べられないもの」というのも、この地域の魅力と結びつけることができるかもしれません。この3つが、この地域の観光WEBサイトの言葉として入れるべき要素でしょう。

STEP 3 組み立てる

「その地域でしか見られないもの」は、**「海に面しているお寺から、この地域の海を一望することができ、絶景！」「この地域でしか見られない、お寺と海が融合した風景がある」**と言えば、「行ってみたい！」と思ってもらえるのではないでしょうか。

「歴史を感じられるもの」は、「昔は海から外の人がたくさん来ていた」ということから説明できると思います。「歴史」という要素を付け足して、**「この地域は昔から海とともに暮らしてきた歴史がある」**と言えば、ちょっとかっこいいですよね。

「その地域でしか食べられないもの」というのは、「新鮮な海産物」がありました。**「この地域の海で取れた魚は本当に新鮮で美味しい！」**と言えば、「食べてみたい！」と思ってもらえそうです。

いかがでしょうか？

誰かに何かの魅力を伝えるのはかなり大変な作業です。それは本でも、食べ物でも、システムでも、地域のＰＲでも同じことです。でも全て、まず「相手が何を魅力に感じるのか」を考えて、それに合うような魅力を選んでいくことで、こんなふうに「相手に響く文言」を作ることができます！

みなさんもぜひ、自分の住んでいる地域で考えてみてください！

Q3 答え

「海に面しているお寺から、この地域の海を一望することができ、絶景！」

「この地域でしか見られない、お寺と海が融合した風景がある」

「この地域は昔から海とともに暮らしてきた歴史がある」

「この地域の海で取れた魚は本当に新鮮で美味しい！」

客観的思考力

Q4

日本の都会と田舎の地方部は、大きな地方格差があります。

都会にはさまざまな商品や情報が集まっているために、暮らしやすく便利です。それに比べて田舎にはコンビニやカラオケもなく、車がないと生活に不便が生じてしまいます。

しかし、田舎にも都会にない魅力があります。

田舎の魅力を都会の人に説明しなさい。

解説

都会の人に田舎のよさを伝える……。これって結構難しいことですよね。「人の温かさがあるんだ」とか「物が溢れていないからこそ見えてくるものがあるんだ！」とか言っても、抽象的すぎて都会の人には伝わりにくいと思います。

しかしそれは、都会の人の立場に立っていないから。都会の立場で田舎を語れば、田舎の魅力を理解してもらえるはずです。

STEP 1 相手が理解できるものを列挙する

まずは、都会の人の立場に立ってみましょう。**都会の人がやっていること、経験していること**の中から、田舎の魅力に繋がりそうなものを考えてみるのです。みなさんがどこに住んでいるかはわかりませんが、都会に住んでいる人なら、自分は**普段どんな生活を送っているか**考えてみましょう。

僕は今東京に住んでいるので、一旦僕の例をご説明します。僕は朝起きて、朝ごはんを食べた後、電車で学校へ行って、日中は学校に行って勉強したり、友達と遊んだり、あるいは仕事をしたりして、夜にはまた電車で家に帰ってきて、お風呂に入って寝る生活をしています。またこの他に、休日には買い物をしたり、犬の散歩に行ったりしています。

今の僕の例の中には「食事」「通勤」「勉強」「遊ぶ」「仕事」「お風呂」「買い物」「散歩」がありましたね。おそらく概ねみなさんこんな感じだと思います。

STEP 2 自分の伝えたいものと近いものを選ぶ

さて、この中から**田舎の魅力を語りやすいもの**を選びましょう。

まず、「勉強」「遊ぶ」「仕事」「お風呂」などは、都会と比べて田舎の方が魅力的とはいいにくそうです。別に「田舎の方がいいお風呂に入れる！」とか聞いたことないですよね？こういうのは選びにくいと思います。

残っているのは「食事」「通勤」「買い物」「散歩」ですね。うーん。これらも一見田舎と都会で差があるものではない気もします。

でも、都会で暮らしている人ならわかると思いますが、**「通勤」**は結構大変なこともあります。**満員電車に揺られたり、渋滞に巻き込まれたりするのは苦痛**ですよね。同じように、**「散歩」とか「買い物」に行くときに、どこに行ってもいっぱい人がいてうんざり**したり、道が全然進まなかったり、レジが混んでいたりして大変な思いをしたこともあると思います。僕も毎朝コンビニに行くのですが、うんざりするくらいレジが混んでいて待っているのが辛いです。人によっては全然大丈夫かもしれませんが、意外と都会にも辛いところはあります。

ここらへんが都会のウィークポイントになっているのなら、ここを攻めれば田舎の魅力を人にわかってもらえるのではないでしょうか？

STEP 3 組み立てる

ということで、**「食事」「通勤」「買い物」「散歩」**を用いて田舎の魅力を語ってみましょう。先程言った通り、人の多い都会は通勤が大変だったり、買い物のレジが混んでいたり、散歩でうんざりするくらいの人を見ることがありますが、田舎ではそんなことはありません。**通勤でも必ず椅子に座れるし、買い物でレジが混んでいることもありません**。散歩に行っても人が多いどころか探さないと人がおらず、**自然が豊かで散歩するのを楽しく感じられます**。これらは、都会の人の目から見ても魅力的に映るのではないでしょうか？

また、「食事」に関しても言えることがあります。田舎では、**新鮮なご飯が安く買える**のです。その日の朝に採れた野菜とか、新鮮なお魚とかが買えるというのはすごく魅力的ではないでしょうか。また、「安く」買えるというのも田舎の特徴です。**物価が安いので、都会よりも少ないお金で生活できる**わけです。

「安い」ということを掘り下げると、**土地が安い**のもいいことです。家を買おうと思っても安く買えますし、借りようと思っても安く賃貸できます。生活にかかる物価が安いのも、大きな魅力だと言っていいと思います。

いかがでしょう？「人が温かい！」とか「物がないからこそいいことがある！」とか、抽象的なことを言ってしまうと、他人にはわかってもらえません。それよりは、現金かもしれませんが、「生活費が少なくてすむよ！」とか「満員電車に乗らなくてすむぞ！」とか、そういう**具体的で実利のあることを言ってしまうと伝わりやすい**と思います。

1章 情報処理力
2章 読解力
3章 客観的思考力
4章 論理的思考力
5章 アイデア力

本当はもっと深い価値観に関わる話をしてもいいのかもしれませんが、そういうのは大抵難しくて伝わりにくいです。難しいことははじめから語らなくたっていいんです。**相手にわかってもらいやすい形にチューニング**して話した方が、実は説明しやすいのです。

Q4 答え

「新鮮な野菜やお魚が安く買えるし、家を買ったり、借りたりするときも安いから、生活費が少なくてすむんだ。人が少ないから満員電車に乗らなくてすむし、買い物でレジが混んでいて並ぶこともなくなるよ！　自然が豊かだから、散歩をするのが楽しいんだ！」

TODAI
DRILL

4章

論理的思考力

スタートの情報を増やし、相手と自分を近付ける

TODAI DRILL

相手が遠いときはスタートを見直す

4章は、「論理的思考力」です。

先程紹介した「客観的思考力」は、「相手の立場に立つ」＝「他者目線」を身に付けるというものでした。今回の論理的思考力は、その先にある能力です。**「客観的思考力」で相手の立場に立った後で、その立場と自分の立場とを「繋げる」能力**のことを指します。

これは相手が抵抗感を持っているものを薦めたり、立場が対立している場合に説得しなくてはならないなど、**相手と自分の距離が遠いときに必要**になってくるのです。

1章では「ゴール」を明確化することを紹介しましたが、2章では「ゴール」が遠いときに、「スタート」になる情報を増やすことをオススメしましたね。これによって、ゴールからもスタートからも攻められて、問題を解きやすくなる、と。そう考えたとき、3章のテクニックは1章と同じで、相手という「ゴール」を明確化することでした。

4章は2章と同様に、**「スタート」になる情報を増やすテクニック**を紹介します。

何度も言いますが、問題を解いたり、人に何かを説明するというのは、**「距離を近付ける」**というのが肝要です。ゴールを自分に近付けたり、スタートからゴールへと近付きやすくして、距離がゼロになったらゲームクリア。これが全ての問題を解く鍵であり、どんな人にも伝わりやすい言葉を話す一番大切なテクニックなのです。

というわけで、4章では**「スタートの情報を増やし、相手と自分を近付ける」**ということをしていきましょう。

例えば、こんな問題をみなさんはどう解くでしょうか？

例題

あなたの友達はトマトが嫌いだと言います。「トマトなんて酸っぱくて食べられたもんじゃない！」が口癖です。

さて、その友達にトマトを食べてもらうためにはどう説得すればいいでしょう？

3章では、『ドラえもん』をオススメする方法」をはじめ、自分と相手との距離が近い問題が多かったです。単純に、説明しやすいものや考えやすい話題が多かったと思います。でも、今回は明確に、「嫌い！」と相手が言ってしまっています。こういう場合は、相手のことを考えるだけではうまく説得できません。どうすればいいのでしょうか？

TODAI DRILL

スタートの情報を増やそう

ここでオススメなのが、**「スタートの情報を増やす」**というものです。相手の立場に立ってゴールを明確化する前に、「自分の持っている情報」という手札を増やすのです。

ＳＴＥＰ１　相手が理解できるものを列挙する
ＳＴＥＰ２　自分の伝えたいものと近いものを選ぶ
ＳＴＥＰ３　組み立てる

先程紹介したこのやり方では、どう頑張っても「トマト嫌い」にトマトを食べてもらえません。なぜなら「相手が理解できるものを列挙する」をやったところで、「トマトが酸っぱくて嫌い」というのは変わらないからです。

ですから、こういう場合はこの3STEPの前に、STEP1として**「使える情報を増やす」**というものをやってみましょう。2章の「読解力」でやったのと同じ要領で、情報を増やすのです。

そもそも、「トマト」に関する情報が不足しているうちは、どうやっても相手との距離は縮まりません。トマトを食べてもらうには、**まずはあなたがトマトのことをよく理解しなければならない**のです。

例えばトマトというのは、実は「ナス科ナス属」の植物です。あれ、ナスの仲間なんです。「珊瑚樹那須」なんて別名もあるそうな。多分知らなかった人が多いのではないですか？

また、トマトにはいろいろな種類があって小さくて食べやすいミニトマトもあれば、糖度の高いフルーツトマトもあります。ケチャップに使われることもあれば、トマトソースとしてスパゲティにかけられることもあります。ちょっとした酸味をつけるためにピザに使われていることもありますね。

そして、トマトはいろんな栄養のある食べ物でもあります。風邪予防や美肌効果のあるビタミンCをはじめ、腸内環境を整える食物繊維・老化やガンを予防する抗酸化物質が豊富に含まれています。

……なんで僕がこんなことを知っているかって？　Ｇｏｏｇｌｅで調べたらすぐに出てきました。ちょっと調べただけで、トマトに関していろんな情報を得ることができました。これだけの情報があれば、自分と相手との距離を詰められるかもしれません。

TODAI DRILL

「相手の嫌い」を考えて、相手との距離を近付ける

さて次は、ＳＴＥＰ２**「相手が理解できるものを列挙する」**。先程と同じように「ゴール」となる「相手」が理解できるものを列挙していきましょう。

相手の立場に立って、相手に理解できるもの……。この場合の相手は、「トマトなんて嫌いだ！　酸っぱいだけじゃないか！」と言っています。そう考えると、**その逆を考えればゴールになるはず**です。「酸っぱいだけ」ではないことを示したり、他と比較しながらトマトの優位性を示していきましょう。

ということで、

- **トマトは酸っぱいだけじゃない**
- **トマトを食べることは、他の食べ物と違って、こんないいことがある**

と話せれば、「うーん、それなら食べてみようかな……」と言ってもらえそうですね。

ここまできたら、あとはSTEP3で**「伝えたいことと近いものを選び、組み立てる」**だけです。STEP1で得た情報という手札と、STEP2で考えた相手目線のゴールとを合わせればゲームクリアです。

例えば、

・トマトは酸っぱいだけじゃない

というのが1つのゴールでしたが、これはSTEP1で得た情報の1つと繋げられそうじゃありませんか？

……そう、「糖度が高いフルーツトマトがある」というものです。

酸っぱいのが嫌いなら、甘いトマトを食べればいいのです。また、トマトケチャップやトマトソースなど、トマトを利用した料理がたくさんあります。その中にはトマトの酸味を打ち消してくれるものがあるかもしれません。それを調べて答えにすることもできますね。

もう1つの方はどうでしょう？

・トマトを食べることは、他の食べ物と違って、こんないいことがある

こっちに関しても、もう答えは出ていますね。「栄養があって健康にも美肌にもいい」というのが先程調べて出てきていました。これを、他の食べ物ともう少し比較して語れば答えになります。「トマトならビタミンCをはじめ、いろんな栄養が一気に摂取できる！」とか「トマトは他の食べ物と違って、老化やガン予防が期待できる食べ物」などと語ればいいのです。

答え

「トマトはビタミンCをはじめ、いろんな栄養が一気に摂取できるうえに、他の食べ物と違って、老化やガン予防が期待できる食べ物なんだ。糖度が高いフルーツトマトなら酸っぱくないから、試してみて！」

いかがでしょうか？　結構簡単にできた人も多いのではないですか？

「スタートの情報を増やし、相手と自分を近付ける」。これが「論理的思考力」の基本です。

今回で言えば、「トマトの魅力」がスタートで、「トマト嫌いに食べてもらう」がゴールでしたが、「トマトの魅力」についての情報を集めることで、一見繋がらなさそうなこの2つを近付けることができました。

この章ではこんなふうに、距離が遠い相手を説得する問題を出題していきます。その問題を解いて、「スタートとゴールが遠いものを、『論理的思考力』を使って近付けていく」という訓練をしていきましょう！

論理的思考力

Q1

日本では当たり前にこんにゃくを食べますが、こんにゃくを食べるのは世界的に見るとかなり稀有で、日本以外の国でこんにゃくを食べる文化のある国はありません。それもそのはずで、こんにゃくはすごく手間暇をかけて作られる割に、カロリーがゼロなのです。この前提を踏まえて、外国人の友達にこんにゃくを食べてもらうよう説得しなさい。

TODAI DRILL

解説

「日本人の食にかける想いは異常だ」と、僕は外国人の友達からよく言われます。菌があるかもしれないのに生卵を食べるし、毒があるかもしれないのにフグも食べるし、腐っていてネバネバしているのに納豆を食べるし、カロリーゼロなのにこんにゃくを食べる。言われてみると確かに日本は食に対して熱い想いを持っている国ですね。

さて、そんなこんにゃくを、みなさんならどうプレゼンしますか？

STEP 1 使える情報を増やす

まずは**こんにゃくに対する情報を集めておきましょう**。

問題文には、「こんにゃくはすごく手間暇をかけて作られる割に、カロリーがゼロ」と書かれていますが、調べてみるとどうやらこれは本当のことみたいです。こんにゃく芋は通常栽培に3年かかると言われていますし、そのままだと毒があるので特別な処理が必要になります。しかし、それだけ手間暇かけて作ってもカロリーはゼロで、いくら食べてもなんの栄養にもならないのです。ホント、よく僕らのご先祖様はこんな料理を作ろうと思ったものですね。

しかし、悪いことだけではありません。こんにゃくにはいいところも多いです。こんにゃくには**食物繊維が豊富に含まれており、腸内環境を整える役割がある**そうです。また、こんにゃくは**植物性セラミドという保湿成分があるそうで、美肌効果がある**そうです。

また知っての通り、僕らはこんにゃくのあの食感を楽しみますよね。**もちもちしたあの独特の食感が美味しい**ですし、また**おでんなどの料理にも使われています**。もう僕ら日本人の食生活において欠かせないものですよね。こういうおでんの魅力を伝えられれば、きっと外国人の友達にも食べてもらえるはずです。

STEP 2 相手が理解できるものを列挙する

次に相手のことを考えましょう。外国人は、どんな食材なら「食べてみたい」と思うのでしょうか？

やっぱり一番わかりやすいのは**「美味しい」**ということでしょう。それが食べ物であるのなら、不味いのなら食べたくないですし、美味しいなら食べてみたいと思うはずです。

しかしだからといって、人間が美味しいものだけを食べるわけではありません。人間というのは、メリットがあれば食べます。美味しいと思えないものでも、身体にいいとか、ダイエットになるとか、そういう**メリットがあれば目をつぶって食べられる**ものです。

例えば生姜は、外国でもジンジャーティーやジンジャーエールといった形で愛されていますが、生姜って基本的にはそれ単体で食べたい！と思うものではないですよね。僕も別に嫌いというわけではないんですが、好き好んで食べたいと思うかというと、答えはＮＯです。それでも生姜がこれだけ世界的に愛されているのは、やはりすごく健康にいいものだからです。

こんにゃくと同じようなものを挙げるとするなら、アロエは外国でも愛されていますね。アロエだってカロリーはほとんどありませんが、健康にいいので世界で広く食べられています。**人間は美味しいものだけを食べているわけではない**のです。それを、生姜やアロエといった他の食材からも説明できると思います。

STEP 3 伝えたいことと近いものを選び、組み立てる

そんなわけで、**「美味しい」「健康にいい」「食べるとこんなメリットがある」**みたいなことが語れれば、きっと外国人もこんにゃくを食べてくれるはずです。これをゴールにして、こんにゃくの魅力を語ってみましょう。

- カロリーゼロ
- 腸内環境を整えたり、美肌効果があったりする
- おでんは美味しい

この3つが魅力として挙がっていました。このうち、「カロリーゼロ」というのに対してマイナスな印象を抱く人もいるかもしれませんが、**「食べてもカロリーにならない」**というのはいいことになる場合があります。ダイエット中にお腹が空いたときです。それに、先程こんにゃくが**「腸内環境を整える」**ということをお話ししましたが、これもダイエッ

ト中には嬉しい効果ですね。こんにゃくは、**ダイエットに最適な食べ物**として紹介できるはずです。

また、**「腸内環境を整えたり、美肌効果があったりする」**というのは「食べることのメリット」として説明できますし。**「おでんは美味しい」**というのは、こんにゃくを食べてもらうのにはすごくいい理由になり得ます。

それらのことを挙げて説得すれば、きっとおでんを食べてくれるはずです。

Q1 答え

「こんにゃくはカロリーゼロで腸内環境を整えてくれるから、ダイエットにも最適なんだ！　それに美肌効果もあったりして、健康にも美容にもいい。おでんの中に入れるとおでんの美味しさを引き立ててくれるから、食べてみたら？」

論理的思考力

Q2

あなたは修学旅行で海に行きたいと思っています。しかしクラスの友達は山に行きたいと言うので、意見が対立してしまいました。山に行きたいと言う友達を、どんなふうに説得すればいいでしょうか？

1章 情報処理力
2章 読解力
3章 客観的思考力
4章 論理的思考力
5章 アイデア力

TODAI DRILL

解説

「海vs山」「たけのこvsきのこ」「コーヒーvs紅茶」「巨人vs阪神」……世の中にはいろんな論争が存在しますね。その多くは、両方ともいいところ・悪いところがあり、甲乙つけがたいものです。

そんな中で、古来より議論のタネになってきたのが「海vs山」。今回の問題は、山派を説得して海へ行こうというものです。

普段山派の人も、今回の問題だけは海派になって、挑戦してみてください。

STEP 1 使える情報を増やす

さて、こういう問題にはどう対処すればいいのでしょう。

これも前と同じです。自分たちの情報を整理して情報を増やし、相手の立場に立って相手の情報を整理し、自分と相手の距離をゼロにすればいいのです。

もっと簡単にいうと、相手のことを理解した上で**「山でこういうことやりたいと思ってない？　でもそれ、海に来てもできるんだよ！」「山にはこういう欠点があるけど、その点海はいいんだよ！」**と伝えればいいのです。相手がメリットに感じていること・デメリットに感じていることを汲み取り、それを自分の推している方のメリットへと繋げることで、説得ができるのです。

よくこういう「A vs B」の論争の場合、自分のメリットと相手のデメリットだけを挙げることで論争に勝つ、いわゆる「ディベート」の形式で問題に対処しようとすることがありますが、そのやり方ではうまくいかないことも多いです。

何より、今回行くのは旅行です。せっかく旅行に行くなら、みんなが幸せな方がいいですよね？　相手も納得して「それなら海に行こう！」と言ってもらえるようにしたいです。そのためには、相手の立場に立って問題に対処しようと考えるといいのです。

というわけで、まずはスタートの**「海」についての理解を深めておきましょう**。海に行くと、何ができるでしょうか？

やっぱり一番は、泳いで遊ぶことができるのがいいですね。**海水浴をして楽しい**というのが海の利点です。他に、**ビーチでバレー**をしてもいいですし、**砂遊び**も楽しめます。また、海の家では**かき氷**や**冷やし中華**に**ラーメン**など、ここで食べるから美味しいような料理がたくさんあります。

逆に海の悪いところってなんでしょう？「泳いで遊ぶ」が一番いいところだとすると、逆に**泳げない人にとってはかなり苦しい**ですね。また、**日に当たるのがそこまで好きでない人**もいるかもしれませんから、その点で海は、楽しめる人が限られているのかもしれません。

STEP 2 相手が理解できるものを列挙する

次は「山」です。山のいいところ、悪いところってなんでしょうか？

山のいいところというと、**登山ができる**というのがあるかもしれません。山登りをしたあとは頂上の空気が美味しいですよね。また、空気が澄んでいるので、**夜には星が見えそう**です。みんなで星を見て楽しめるのはいいことです。また、**BBQ**をして外でご飯が食べられるのも魅力の1つですね。季節が冬ならスキーやソリもできるのですが、海に行こうとしていることから考えると季節は夏なので、雪もありませんから難しそうです。

逆に悪いこととはなんでしょうか？　1つは、**海と比べて山はアクティビティーの種類が少ない**ですよね。ぱっと思い付くアクティビティーは登山と天体観測くらいしかありません。また、**山は天気が荒れやすく**、雨でずっと室内にいなければならないこともあります。

海も山も、これ以外にいいところ悪いところはたくさんあると思います。みなさんもぜひ考えてみてください。

STEP 3 伝えたいことと近いものを選び、組み立てる

ここまでの海と山のメリット・デメリットをまとめてみましょう。

・アクティビティー　海→海水浴、ビーチバレー、砂遊び　山→登山、天体観測
・食べ物　海→海の家のかき氷、冷やし中華、ラーメン　山→BBQ
・いいところ　海→日差しが強く気分が陽気になる　山→空気が澄んでいる

・悪いところ1　海↓泳げないと楽しくない　山↓天気が変わりやすい
・悪いところ2　海↓日差しが強い　山↓遊べる内容が少ない

こう見てみると、どちらも同じくらいのメリット・デメリットがあって、論争になるのもよくわかります。しかし今回は、「海」に連れていけるように説得しなければなりません。

先程お話しした通り、**「山でできることは、海の方でもできるんだよ！」「山にはこういう欠点があるけど、その点海はいいんだよ！」**と語っていけばいいのです。


まずは登山に関してです。「さすがに海で登山はできないでしょ」と考える人も多いと思いますが、そんなことはありません。海の近くにちょっとした山があり、その小山から海を一望できるスポットというのは実は結構あります。例えばハワイに行って、海で遊ぶ途中に山を登るのも楽しそうですね。**海に行くと登山ができないということはない**のです。

次に天体観測ですが、これも**海岸で星がきれいに見えるスポットというのも多く存在している**ので、山でなくてもできます。

食事に関しても海辺でＢＢＱをできるスポットは多くあります。山でのＢＢＱは景色がいいですが、**海を一望しながらのBBQというのも景色のよさでは負けていません**。

山でやりたかったことが海でもできるとなれば、山派の人間も「そういうことなら」と言ってくれそうですよね。

次は、山のデメリットが海にはないことを示していきましょう。

山は天気が変わりやすいということですが、これは**海の方が天気が安定している**ことから説明できます。もし台風が来ているならば日程をずらせばいいですし、天気の問題はクリアできそうです。

また、山はアクティビティーの種類が少ないという点に関しては、海ならばビーチバレーや砂遊びができますし、泳げなくても浮き輪を使えば楽しめるので、**アクティビティーは豊富**といえます。

いかがでしょうか？**「登山もできるしBBQもできる、山派の人にも満足できるプログラムを作ろうよ！」**と言えば、山派の人も「そういうことなら」と海に行ってくれるはずです。「海か山か」と白黒つけるのではなく、**「海に行くけど山に行ったのと同じ満足感が得られる」というグレーな答え**であってもなんの問題もないのです。

今回は、海派に立って考えてみましたが、もちろん山派でもこの問題を解くことは簡単です。「泳ぎたいなら、山の中の川で泳げるスポットがあるよ！」とか、「かき氷なら、山のフルーツや天然氷を使った絶品かき氷が売ってるんだよ！」とか言えば、海派の人を説得することができるはずです。**対立するのではなく繋げる**。相手の側に立って考えた上で、相手のメリット・デメリットをきちんと相殺できるようにすれば、説得はうまくいくのです。

Q2 答え

「登山もできるしBBQもできる、山派の人にも満足できるプログラムを作ろうよ！　それに、山は天気が変わりやすいのが心配だけど海なら安心だし、山よりアクティビティーが豊富だから泳げない人でも楽しめると思うよ！」

論理的思考力 Q3

いきなり、世界一のお金持ちからあなたに手紙が届きました。

「実は儂《わし》は、お前の生き別れの祖父なのだ。もう儂は長くないので、お前に遺産を渡そうと思う。しかし、1つ条件がある。それは、お金の使い道を考えて、儂を納得させてほしいということだ。お前が思う最高のお金の使い方で、儂を納得させてくれ」

さて、なんて手紙を返せば納得してもらえるでしょうか？

TODAI DRILL

解説

さて、なんだかすごい問題がきましたね。世界一のお金持ちからこんな手紙が届いたらびっくりどころじゃやすまないと思います。みなさんならこの問題、どんな回答をしますか？「遊んで楽しむ！」だったら納得してもらえなそうですし、「世界平和のために使う！」と言っても具体性がないので難しいですね。

STEP 1 使える情報を増やす

ここはひとつ、この問題を一旦置いておいて、お金の使い道をいろいろ考えてみましょう。**お金の使い道を整理**しておけば、それがこの問題のスタートラインになるはずです。

みなさんは、お金をどんなタイミングで使いますか？　おそらくは、**日常生活で「食事」や「服」「日用品」「本」なんかを買うときに使う**のではないでしょうか。また、長期的なスパンで考えれば、洗濯機や冷蔵庫・パソコンやスマホなどの「電化製品」や、ローンを組んで「家」や「車」を買うこともあるでしょう。

さらに、**自分や家族のため、または自分の将来のために使うお金**もあると思います。旅行に行くための代金や、学校の授業料をはじめとする**「勉強代」**や**「保険」**なんかがこれに該当します。

もっと規模を大きくすれば、**不特定多数のために使うお金**もあるでしょう。**「税金」**は政府に「これでより多くの人を幸せにしてね」という意味を込めて払っていると解釈することもできますし、**「寄付」**をして困難な状況にある人を助けるということもあります。

まとめると、**「普段使うお金」「自分や家族のために使うお金」「将来のために使うお金」「不特定多数の他人のために使うお金」**があるということですね。一旦これを手札として持っておきましょう。

STEP 2 相手が理解できるものを列挙する

次に、ゴールとなる「世界一のお金持ち」のことを考えましょう。この人には一体、どんなお金の使い道なら納得してもらえるのでしょう?

いきなり納得させられる使い道を考えるのは難しいので、ここでは**「逆にどんな使い道なら納得してもらえないか」**を考えてみましょう。

例えば、「最高の使い道」ということは、きっとこの人は、「刹那的でただ贅沢な使い方」をしてほしいわけではないのだと思いませんか？ お金のプールを作って遊ぶとか、美男美女を呼んでパーティーするとか、そういうのではおじいちゃんは納得しなそうですね。おじいちゃんは、そんなことのためにお金を使ってもらいたくはないはず。**将来性のある自分の孫が、「どんなふうにお金を使って、誰かを幸せにするのか」を見たい**のではないでしょうか？

そう考えると、「自分のための浪費」はよくないでしょう。**「誰かのためになること」「将来性のあること」**を求めているはずです。

「浪費」はダメですが、**「節約」や「貯金」はもっとダメ**ですね。だっておじいちゃんは、お金を使ってもらいたいのです。お金を取っておいてしまうのではなく、きちんと使ってほしい。使って、何かを成し遂げてほしいのではないでしょうか？

「誰かのための」「将来性のある」「きちんとお金を使う方法」。この3つの要素が、おじいちゃんから求められているのではないかと考えられます。

STEP 3 伝えたいことと近いものを選び、組み立てる

ところで、僕は1つこの問題を読んだときから思っていたことがあるのですが、お話ししてもいいでしょうか？

僕、**「多分このお金持ちのおじいちゃん、基本的にはお金をあげたいんじゃないかな？」**と思うんです。だって、もう余命わずかで、自分の子孫にお金をあげたいと考えたからこそ、こうやって連絡してきたんですよね？　ということは、「最高の使い方」と言いつつも、それがちゃんと理にかなったものであるのならプレゼントしてくれる可能性は高いのではないでしょうか？

それでもこの質問をしているのは、別に**本当にその使い方をしてほしいのではなく、きっと「この孫は、お金を渡しても悪用しないかな？」って考えている**のではないでしょうか？

つまりは、STEP2の結論通り、「自分のことしか考えていない回答」ではダメなのだと思います。「宝くじに当たったらどうする？」という質問とは、違う回答を用意しなければなりません。

それを踏まえた上で、スタートとゴールを確認しましょう。
スタートは、

- 普段使うお金
- 自分や家族のために使うお金
- 将来のために使うお金
- 不特定多数の他人のために使うお金

ゴールは、

- 誰かのための、将来性のある、ちゃんとお金を使う方法

ですね。
このスタートとゴールを繋げてみましょう。

スタートの中で、一番ゴールと結びつきそうなのは、**「将来のために使うお金」**と**「不特定多数の他人のために使うお金」**というのですね。この2つを組み合わせた使い道なら、きっとおじいちゃんも納得してくれるはずです。

今僕がぱっと思い付くのは、**「発展途上国の教育を受けていない子供たちのために学校を作る」**というものです。子供というのは将来性がありますし、誰かのために使うお金にもなっています。

または、**「全部宇宙開発に寄付して、火星をテラフォーミングしてもらう」**とかどうでしょうか？　将来地球が住めなくなったときのために、火星にも人が住めるようにすることには、大きな将来性があるのではないでしょうか。

「武器を作る会社を買収して、戦争を終わらせる」というのもありますね。世界平和をきちんと実現させられるようにお金を使えば、かなりの人を救うことにもなりますし、戦争をやっていた人たちが他の仕事についたりすることで将来性もあると思います。

この問題に決まった答えはありません。でも、今のように**「将来性」**と**「誰かを救う」**という要素さえ入っていれば、きっとお金持ちのおじいちゃんも納得してくれるはずです。

ちなみに、この問題は東大の入試問題です。この問題文と同様の内容で、「考えた答えを英語で作文しなさい」という問題が、2017年の東大入試で出題されていたのです（東京大学2017年 英語 第2問 一部改変）。受験した東大生に聞いてみると、僕がお話しした今の3つの回答に近いことを答えている人が多かったです。

一見大変そうに見える問題でも、意外とこんなふうにスタートとゴールを明確化すれば、解けるようになります。みなさんも、みなさんなりの解答を作ってみてください！

Q3 答え

「発展途上国の教育を受けていない子供たちのために学校を作る」
「全部宇宙開発に寄付して、火星をテラフォーミングしてもらう」
「武器を作る会社を買収して、戦争を終わらせる」

論理的思考力

Q4

日本のスマホ所持率は約80％と言われており、人口の4／5はスマホを持っていると言います。また世界でもスマホ所持率は約50％と言われており、2人に1人はスマホを持っているということになります。それだけ普及していて、また超便利なツールであるスマホを、「使わない」という選択肢を取ってもらうためにはどうすればいいのでしょう。

STEP 1 使える情報を増やす

まずは情報を整理して増やしましょう。

ここでは**「スマホ」に関しての情報を整理**します。

例えば、iPhoneが発売されたのは2007年のことだそうです。2011年からスマホの販売が促進され、今では持っていない人の方がめずらしい代物になりました。

でも最初から一気にガラッとケータイがスマホに変わったわけではありませんでした。「ガラケーでいいじゃん」とスマホを使わない人も多かった。それでもスマホが普及したのは、やっぱりその利便性に依るのでしょう。

「便利だから使う」。シンプルですが、やっぱりこれが一番大きいのだと思います。いつでもどこでもネットを使えるし、アプリケーションをダウンロードすることで、好きなように活用することができる。持ち運びも便利。こりゃ確かに、当たり前に使いますよね。スマホを使わないようになんて、本当に説得できるんでしょうか？

STEP 2 相手が理解できるものを列挙する

「便利なものを使わないように説得する」。

スマホではなくても、これって困難なことです。でも、できないということはないはずですから、一度本気で**「どうすれば便利なものを使わないように説得できるのか？」**を考えてみましょう。

方法は2つ考えられます。1つは、**「もっと便利なものを提案すること」**。いくら便利なものといっても、それよりも便利なものがあるのであれば、そちらを使うと思います。ガラケーがスマホになったように、メールがSNSに代わりつつあるように、より便利なものが出てきたら用済みになるということは大いにあるのです。

もう1つは、**「便利さの弊害について説くこと」**です。例えば、みなさんはファーストフードは好きですか？　あれってすごく便利ですよね。1分も待たずに注文が出てくるし、食べるのも10分もかかりません。味もそんなに悪くないです。僕も結構好きでして、頻繁に行ってしまいます。しかし、毎日行こうとは思いません。そんなに便利なものであっても、ファーストフードを毎日食べていたら太ってしまいますし、飽きてしまいそうです。便利であっても、利用し続けるとデメリットもあるから行かないというわけですね。

これと同じことがスマホで言えればいいですね。**「スマホよりもこっちの方が便利！」**または、**「スマホを使い続けるのはこんなデメリットがある！」**と言えば、スマホを使わないという説得をできるようになるはずです。

STEP 3 伝えたいことと近いものを選び、組み立てる

さて、ＳＴＥＰ１とＳＴＥＰ２を繋げてみましょう。

ＳＴＥＰ１では**「スマホは便利だから使われている」**という結論になりました。

そしてＳＴＥＰ２では、説得のためには**「スマホよりもこっちの方が便利！」**または、**「スマホを使い続けるのはこんなデメリットがある！」**と言うことが必要だとわかりました。

スタートとゴールが出揃った上で考えると、僕は「スマホを使い続けるのはこんなデメ

リットがある！」よりも**「スマホよりもこっちの方が便利！」の方が説得しやすい**のではないかと思いました。なぜかというと、スマホを使う理由の大部分を占めるのが「便利」という理由だからです。便利だからガラケーがスマホになった。みなさんだって、「スマホよりもこっちの方が便利ですよ！」というものが発売されたら絶対そっちに飛びつきますよね？　ガラケーのときのように、あっさりスマホを使わなくなるはずです。

でも、スマホより便利なものってなんでしょう？　今発売されているものの中で、スマホのようにアプリが使えて、持ち運びも簡単なものってあるでしょうか？

その答えは調べれば意外とすぐ見つかります。

今、**「超小型パソコン」**という持ち運び可能なパソコンが発売されているそうです。これは、スマホの機能の大半は持っているうえに、キーボードも付いているのでスマホではできないタイピングも可能になり、スマホよりも活用の幅が広いと考えられます。であれば、**「スマホよりもこっちの方が便利だよ！」と言えばいい**のです。

いかがでしょうか？

普通、スマホを使わないように説得するのであれば、「スマホにはこんなデメリットがある」とか「もっと他に大事なことがある」とか「便利さにはこんな弊害があって」とか説明するのではないでしょうか。確かにそれでも説得できる場合もあると思います。しかし、より確実なのは、「スマホより便利なものを提示する」方法なんです。それが、STEP1のスタートで考えられるのなら、**そっちを選択する方が合理的**だというわけです。

もちろん、他にもいろんな回答が考えられます。みなさんも回答を考えてみてください！

Q4 答え

「『超小型パソコン』なら持ち運びもラクで、スマホの機能の大半は持っているうえに、キーボードも付いているからタイピングも可能なんだ。パソコンだからスマホよりもできることが多くて、もっと便利だよ！」

TODAI
DRILL

5章

アイデア力

スタートとゴールを近付けて、
解決できるアイデアを導く

TODAI DRILL

「アイデア力」は誰でも手に入れられる！

最後の章は、今までの全てを使った応用編です。

ここでは、「アイデア力」を磨きましょう。**物事に対する解を導くアイデアを思い付く能力。**「発想力」と言い換えてもいいかもしれませんね。

「アイデア力」「発想力」というのは、なんとなく「身に付けるのが難しいもの」というイメージがある人も多いと思います。どんなに頑張っても、みんながあっと驚くようなアイデアを生み出したり、誰も解けないようななぞなぞを解く発想力を身に付けるなんてなかなかできなそうですよね。

しかし「アイデア力」というのは、ここまでこの『東大ドリル』で身に付けてきた能力を全て活用すれば、**実は誰でも手に入れられるもの**なんです。だってこれ、今までやってきたこととなんら変わらないのですから。はじめからお話ししている通り、どんな物事も「近付ける」ことで解決することができます。問題文の情報と答えを近付けたり、スタートとゴールを近付けたり、自分と相手とを近付けたり……これによって問題が解けるようになるのです。
そう考えたときに、アイデア力はこの**「近付ける」ための方法を思い付くこと**に他なりません。
例えば、こんな問題を考えてみましょう。

例題

あなたが新米YouTuberだったとして、YouTubeで10万再生回数を突破するようなアイデアを考えなさい。

一見すると、本当に発想力がある人しか思い付かないような問題に見えますね。でも、ここまで問題を解いてきたみなさんなら、きっと思い付くことができるはずです。さっそく挑戦してみましょう！

TODAI DRILL

全ての問題は3STEPで解決できる

まず、今まではどうやって問題を解いていましたっけ？

先程も言いましたが、この本でご紹介している問題を解く方法というのは、大雑把に言えば1つしかありません。

STEP1　ゴールを明確化して、ゴールをスタートに近付ける
STEP2　問題から情報を得て、スタートをゴールに近付ける
STEP3　スタートとゴールを繋げて、問題を解決する

たったこれだけ。**1～4章でご紹介したことは全て、この3STEPに集約**されます。

なので、ここから先も同じことをやればいいのです。

ちょっと具体的に見てみましょうか。

まずＳＴＥＰ1ですね。**ゴールを明確化してみましょう**。

「ＹｏｕＴｕｂｅで10万再生回数を突破するようなアイデア」を考えるというのがゴールですが、まずこれってどれくらい難しい話なんでしょうね？

少し調べてみると、有名な芸能人や、名前の知れたＹｏｕＴｕｂｅｒの人なら10万回再生されるというのはそこまで難しくはないみたいです。けれど、無名の新米ＹｏｕＴｕｂｅｒが10万回再生されるというのはかなり難しいようですね。今の時代は動画がたくさん存在していますから、その分ありふれた企画・どこにでもいるごく普通の人の動画では、なかなか目立てないみたいです。

もう少し、10万再生回数超えの動画について調べてみましょう。

みなさんも「10万回再生されてる動画ってどんなのだろう？」と調べてもらえるとわかると思うのですが、話題になっている動画というのは、そのときのトレンドになっていることを話題にする動画が多いみたいです。例えば、流行りのアニメやドラマのネタ、ニュースで話題になっている話などは、関心を持つ人が多くなるから10万回を超えるのではないでしょうか。

次にＳＴＥＰ２です。**スタートを考えてみましょう**。

今回は、新米Ｙｏｕ Ｔｕｂｅｒの自分が主人公です。始めたばっかりということは、当然そんなに世の中からは認知されていません。話題がないまま動画をあげても、たくさんある動画の１つ、たくさんいるＹｏｕＴｕｂｅｒの１人として埋もれてしまいそうです。

うーん、これは思った以上に難しそうですね。

ではＳＴＥＰ３、**スタートとゴールを繋げてみましょう**。

スタートは、

・新米ＹｏｕＴｕｂｅｒで、世の中からあんまり認知されていない無名
・たくさんある動画、たくさんいるＹｏｕＴｕｂｅｒの１人として埋もれがち

ということでしたね。

ゴールは、

・**有名な人ならそこまで難しくはないけど、無名の新米には厳しい10万再生回数を稼ぐ**
・**話題のネタは、関心を持つ人が多いので10万再生されやすい**

となるでしょう。

この2つを見たときに、多分みなさんが思い当たるのは「無名」と「有名」の差ではないでしょうか。元から認知されている「有名人」なら再生されやすくて、認知されていない「無名の人」だと再生されない。けれど、「話題のネタ」であれば認知されていて関心の高い「有名」なネタなので再生されるというカラクリなわけです。

この**カラクリがわかれば、自ずと道は開けてきます**。みなさんも、答えが見えてきたのではないでしょうか？

僕がこのカラクリを見て思うのは、「じゃあ、『有名』な人の力を借りればいいのではないか？」ということです。無名な状態で頑張るのではなく、有名な人の力を借りた動画を作成するのです。

ＹｏｕＴｕｂｅをよく見る人ならもうおわかりかと思いますが、「コラボ動画」というやつです。有名な人と絡んで、その人と一緒に動画を作ってしまうのです。そうすれば、どんなにあなたが無名であっても、有名な人の力を借りることができるので、ある程度認知されるようになります。

答え

「有名なYouTuberとコラボして動画を作る」

「そんなのありかよ!?」と思う人もいるかもしれませんが、この方法は実際にYouTubeで再生回数・チャンネル登録を増やす手段としてはかなり有効だと言われています。無名だった人が有名な人とコラボして一気に再生回数やチャンネル登録者を増やし、有名なYouTuberになるというパターンは結構王道なのです（実際、僕もYouTuberの「もっちゃん」という人とコラボした動画をアップし、もうすぐ10万再生回数いきそうです）。

TODAI DRILL

本当に役に立つのは「論理的なアイデア」

いかがでしょう？　これは、みなさんが考えているような「アイデア力」「発想力」とは全然違ったと思います。

「YouTubeで再生回数を稼ぐアイデア」と言ったら普通、メントスをコーラに入れてみたり、激辛ラーメンを食べてみたりといった突飛なことを考える人も多いでしょう。または世間から見て「それはちょっと」と言われそうなことをわざとやって炎上させるとか、そういうことを考えるのではないでしょうか。

でも、**真に求められるのはそういうアイデアではない**んです。それは、「1と2と3で9を作れ！」という問題に、「1＋2＋3＝6で、……」とあてずっぽうに答えを探していくことに近いのです。それよりも、きちんとスタートとゴールを明確化させて、「9に行き着くためにはどうすればいいんだろう？」「10万回再生されるにはどうすればいいんだろう？」と考えていく。その中で、今までで身に付けた4つの能力を使って問題を解いていくことで、**その状況にぴったりの論理的なアイデアを思い付くことができる**のです。

そういうわけで、ここから先は今まで解いてきた問題を思い出しながら、「アイデア力」を磨いていきましょう！

アイデア力

Q1

あなたはとあるコーヒー会社の社長であり、100を超えるコーヒーショップの経営を行っています。このコーヒーショップは、安くて美味しいコーヒーが飲めるために評判になっており全国展開していますが、競合となるライバルコーヒーショップも多くあります。会社の売り上げをさらに上げるためのアイデアを考えなさい。

TODAI DRILL

解説

日々コーヒーショップを利用する人も多いでしょうが、今回はそんなコーヒーショップにまつわる問題です。一体どうすれば、コーヒーショップチェーン店の売り上げを伸ばせるのでしょうか。

一見しただけでは経営の問題にしか見えませんね。「こんなもん、コーヒーショップの知識もない素人がわかるわけないじゃないか！」……そんなことを考える人もいるでしょうが、今までと同じやり方で答えは出せます。

STEP 1 ゴールを明確化して、ゴールをスタートに近付ける

さて、まずはゴールの明確化です。

この場合、**「会社の売り上げが増える」がゴール**ですね。社長として、**もっと儲けが出るようになるアイデアがあればいい**わけです。

コーヒーショップの売り上げのアップ……そう考えると、多くの人は**よりたくさんのコーヒーが売れて、お店が繁盛すればいい**と考えると思います。でも、儲けを出す方法って他にもあるはずです。例えば、**より安くコーヒーが作れるようになればいい**んです。コーヒーを作る機械やコーヒー豆が安くなったり、雇う人の数が減ったりすれば、その分だけ今までよりも安くコーヒーを作ることができるはずです。値段や売れ行きが変わらなかったとしても、より安くコーヒーを作れるようになったら、その分だけ儲けがたくさん出るようになるのです。

売り上げを上げるためには、**「よりたくさんコーヒーを売る」**か、**「より安くコーヒーを作る」かを選ぶ必要がありそう**です。

これをゴールとした上で、次に行きましょうか。

▽ STEP 2 問題から情報を得て、スタートをゴールに近付ける

次はスタートであるコーヒーショップのことを考えてみましょう。

今回の問題は、ＹｏｕＴｕｂｅｒの問題とも少し違って、現状でも十分売れているコー

ヒーショップの経営の話でした。安くて美味しいコーヒーということで日本全国に展開しているわけですから、はじめから結構いい感じです。

しかし、**だからこそ難しいのは、「もっとたくさんお店を作る」とか「コーヒーの質を高める」とかだと、売り上げが伸びるかわからない**ということです。全国展開できているなら、もう十分お店も多くなっているんだろうし、もう十分美味しいはずです。それならば、今までこの会社がやっていなかったことをする他ありません。

そう考えると、**「コーヒーショップの運営の仕方」や、「コーヒーの作り方」を変えるのがよさそう**ですね。

STEP 3 スタートとゴールを繋げて、問題を解決する

ゴールが、

・よりたくさんコーヒーを売る
・より安くコーヒーを作る

スタートが、

・既に全国展開しているので、今までやったやり方ではダメ
・「コーヒーショップの運営の仕方」や「コーヒーの作り方」を変える必要がありそう

ですね。

これを**繋げるアイデアを考えましょう**。

これは明確な答えがある問題ではないので、繋げるアイデアというのはいくらでもあると思います。「コーヒー豆をより安く仕入れて、コーヒーを安くする」とか、「コーヒーカップをより安く作ってもらえるように他の企業を説得する」とか。

でも、これくらいのことは全国展開する過程でやっているかもしれません。今までやっていなそうなことをやった方が効果がありそうです。

そこで、**発想の転換**です。

先程僕はコーヒーの費用の話をしているときに「材料費」以外にもう1つ、「人件費」の話をしましたね。**材料費を減らすのではなく、ここでは人件費を減らす方法を考えてみましょう。**

いや、もうこの際思い切って**人件費を0**にしましょう。**コーヒーを淹れるのも注文を受け取るのも全部機械に任せる**のです。そうすればかかる費用は機械を導入するお金だけで、人件費がなくなります。

機械、といっても大仰な何かを作る必要はありません。今ならスマホアプリがありますから、注文を全部お客さんに自分のスマホアプリでやってもらうようにすれば、それだけで店員さんが1人いらなくなります。この方法なら、確実にコーヒーを作るのにかかっている費用が抑えられますから、コーヒーを安く作れるようになって売り上げを増やすことができます。

「えー、そんなに簡単に導入できる?」と考える人もいるかもしれませんので、実際にこういうコーヒーショップがないか調べてみました。

すると、中国にあるラッキンコーヒーというコーヒーショップがこれと同じようなことをやって、どんどん規模を拡大していることがわかりました。ラッキンコーヒーは、注文をアプリで受け付けて、店舗ではコーヒーを受け取るだけなので待ち時間が少なく、「行列のできない人気コーヒーショップ」として名を馳せ始めているそうな。

もちろん今回ご紹介しているのは答えの1つでしかありません。他にも売り上げを伸ばす方法はあると思います。でも、こんなふうにスタートとゴールを見据えて考えないと、確実にいいアイデアは思い浮かびません。

みなさんも、この方法を使いながら、自分なりの回答を考えてみましょう。

Q1 答え

「お客さんがスマホアプリで注文して、コーヒーを淹れるのも受け取るのも全部機械に任せるシステムを導入する」

アイデア力

Q2

あなたは化粧品会社の社員です。社長から、「女性だけではダメだ！男性に化粧品を買ってもらう案を考えなさい！」と言われました。さて、どんな案がいいでしょうか？

TODAI DRILL

解説

男性読者のみなさん、お化粧はしますか？

僕は生まれてこの方したことがありません。

男性に化粧品を買わせる方法を考えようにも、そもそも男性でお化粧をする人が稀なのに買ってもらうことなんてできるのでしょうか？

STEP 1 ゴールを明確化して、ゴールをスタートに近付ける

ゴールはもちろん、「男性に化粧品を買ってもらうこと」です。

ここで先に裏技の回答を紹介しておくと、「買ってもらう」と書いてあるので、「男性にお化粧をしてもらう」ことが目的ではありません。つまり、無理して自分用の化粧品を買ってもらう必要はない、と考えることもできます。

それなら、「女性にプレゼントする用の化粧品」を男性に買ってもらうという方法も考えられますよね。これも答えでいいと思います。**「クリスマスや誕生日に女性に渡すプレゼント用の化粧品を販売する」**ことで、男性に化粧品を売ることができそうです。

ただ、この回答だと上司に「そういうつもりで言ったんじゃない！」と怒られてしまうかもしれませんから、男性にお化粧をしてもらうための方法も考えてみましょう。

そう考えると、「お化粧をしてもらう」と一口に言っても、口紅を買ってもらって男性に塗ってもらうようにするというのはかなり難しそうですよね。肌を明るく見せたり、眉毛を整えたり、そういう**男性でもハードルが低いと感じるようなお化粧を考える**方がよさそうです。

STEP 2 問題から情報を得て、スタートをゴールに近付ける

次はスタートを考えてみましょう。

そもそもなぜ今、男性はお化粧をしないのでしょうか。

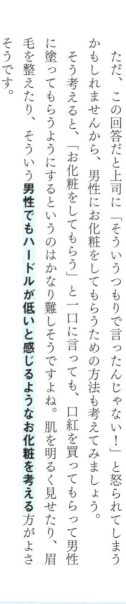

男性の方ならわかると思うのですが、ちょっと男性がお化粧をするのって抵抗感がありますよね。「お化粧は女性がやるもの」という固定概念がありますし、周りでやっている人もほとんどいません。

この状況の中で、男性にお化粧をしてもらうためには、**「男性でもお化粧をするのは恥ずかしくない」という価値観**を作り出し、**「男性にとって抵抗感が少ないお化粧」**を考える必要がありますね。

でも、考えてみると、お化粧をしないとはいえ、男性だって身だしなみに気を使っていないわけではありませんよね。男性も定期的に散髪に行ったり、服装に気を使ったりします。それならば、**その延長線上にお化粧がくるようになれば、男性でも抵抗感なくお化粧をする**ようになるはずです。

STEP 3 スタートとゴールを繋げて、問題を解決する

さて、ここまでを整理すると、

ゴールは

- 男性にも化粧をしてもらうこと
- そのために、男性にとってハードルが低いお化粧を考えるのがよさそう

スタートは

- 現状、男性がお化粧をすることは一般的でない
- 男性も髪や服など、身だしなみには気を使うので、その延長線上にお化粧があれば抵抗が少ない

なんとなく、スタートでもゴールでも同じ問題が見え隠れしていますね。それは**「男性がお化粧をすることへの抵抗感」**という話です。ということは、これを解決できるようなアイデアがあれば、きっと男性でも化粧品を買ってくれるはずです。

さて、STEP1で**「口紅はハードルが高いけど、肌を明るく見せたり、眉毛を整えた**

り」というのはハードルが低いと考えていました。ということはこれらの行為をSTEP2で話した**「服装や散髪の延長線上におけばいい」**のではないでしょうか？　この2つの距離をゼロにするのが一番手っ取り早そうです。

僕がこの2つを見て考えるのは、**「髪と眉毛のカットって近いな」**ということです。髪も眉毛も、頭部にあって人から見られやすいものですし、両方とも毛なので切ったり生えてきたりします。ということは、もしかしたら**「眉毛」のお化粧であればそこまで抵抗感がない**のではないでしょうか？

美容室では、ヒゲのシェービングをやってくれるのと同じ要領で眉毛カットをやってくれるお店もあります。ヒゲの手入れと同じように眉毛の手入れもしてもらうようにすれば、抵抗感が少なくなりそうです。

男性のみなさんも、乳液とかファンデーションとかを買うのには抵抗感があるけれど、眉毛をカットするハサミとか、眉毛を濃く見せる眉ペンとかであれば、用途もわかりやすくて「ちょっと買ってみようかな」という気になりませんか？

また、僕は今回ずっと律儀に「お化粧」と呼称してきましたが、なんとなくこの言葉ってやっぱりちょっと女性がやることのように感じてしまいませんか？　抵抗感をなくすために**「お化粧」以外の呼称**を使ってみれば、男性でも抵抗なく顔面の手入れができるかもしれません。

そう考えて調べてみたのですが、男性のお化粧のことは**「メンズメイク」**と呼ぶそうです。「メンズメイク」……なんとなくかっこいいですね。**「お化粧」ではなく「メンズメイク」という言葉をもっと普及させていく**と、男性が化粧品を買ってくれるようになるのではないでしょうか。

Q2 答え

「メンズメイクという言葉を普及させて、まずは眉毛の手入れの製品から男性に化粧品を買ってもらう」

アイデア力

Q3

合コンや飲み会など、はじめて会う人が多い会では、「みんなが興味を持てるような共通の話題」を探すのが大変です。性別や年齢を問わず、どんな人でも興味を持つような話題を考えなさい。

TODAI DRILL

解説

相手と共通の話題を考える、というのはいつの時代も大変な行為です。たとえ親しい友達でも、家族であっても、「何を話せばいいんだろう?」「なんか話題ないかな?」と悩んでしまうこともあると思います。ましてそれが、初対面の人がたくさんいる空間で、性別・年齢を問わずどんな人でも興味を持ちそうな話題って、一体何があるでしょうか?

STEP 1 ゴールを明確化して、ゴールをスタートに近付ける

この場合のゴールは、言わずもがな**「みんなが興味を持てるような共通の話題」**です。

しかし、ここでいう「話題」というのは具体的にはどういうものなのでしょうか?

ここで、3章の問題の解き方を覚えていないと、「自分が話せる話題」を答えてしまうと思います。でも、きちんと**「他者視点」**を身に付けたみなさんなら答えは違うはずです。

ここで必要なのは、**「その場の人が一定の興味関心を持っている、『相手が』楽しめる話題」**

です。自分ではなく他人の求めるものを提供しなければならないのです。

そのためには大前提として、**みんながある程度「気楽に話せる」話題**の方がいいですね。どういうことかというと、野球の話はみんなある程度知っていますし興味のある人もいると思いますが、対立してしまうことも多いですね。阪神ファンと巨人ファンがいた場合、もうその時点で対立してしまいます。また、政治の話もニュースなどで知っている事柄も多いでしょうが、語れるかというとNOですね。合コンでいきなり「最近のトランプ大統領の外交戦略ってさー」と語り出したら「何言ってんだこいつ」って空気になると思います。

相手が楽しめて、その上で過度に対立せずにみんなが気楽に語れる話題を探す必要があるわけです。

STEP 2 問題から情報を得て、スタートをゴールに近付ける

スタートを考えてみましょう。初対面の人が集まって会を開いているわけですが、そもそもなんでそんな会が開かれているのでしょうか。どんな目的がある会なのでしょう？

もちろん、さまざまなどす黒い欲望と陰謀が渦巻いており、全員が全員、別の目的を持って行動している……なんてことはありえませんよね。普通にみんな、**「人と仲よくなりたいから」「なんとなく話したかったから」**とか、そんな理由で来ているのだと思います。合コンなのでもう少し目的意識があって、**「あわよくば恋人ができればいいな」**と考えているかもしれませんが、それでもそんなにガツガツ強い目的があるわけではないはずです。

つまりは、**みんな「人と繋がる気」はあるし、「会話を楽しみたい」という気持ちはある**ということです。別に「会話したくない！」と言っている人たちに無理に会話を強要するための方法を考えなければならないわけではないのです。

STEP 3 スタートとゴールを繋げて、問題を解決する

というわけで、ゴールは

・その場の人が一定の興味関心を持っている、自分ではなく「相手」がメインで楽しめる話題を考えればいい

・過度に対立せず、みんなが「気楽に話せる」話題を考える必要がある

スタートは

・みんな「人と仲よくなりたい」という気持ちはある
・別に会話したくないわけじゃない

ですね。この問題は、全員初対面だとか性別も年齢も違うとか考えているとスタートとゴールの位置がすごく遠い問題のように感じてしまいますが、こうして見ると**実は結構スタートがゴール側に近い問題**だとわかりますね。**「みんな話したがっている」「人と繋がる気はある」のなら、そこに勝機はあるはず**です。

僕ならこの問題は、**「人付き合い」や「恋愛」の話題**を答えにします。「人と繋がる気がある」人たちだということは、裏を返せば**「人付き合いをするのが嫌いじゃない」人たちが集まっている**ということです。ということは、人間関係の苦労話や恋愛の話を振れば、きっと話してくれるはずです。そもそも合コンなんて、恋愛が目的の人たちが来る会です。

その人たちは恋愛に興味がないわけはありませんし、恋バナが嫌いという人は来ないはずです。

いつの時代も盛り上がる話題になるのは、誰かの悪口だったり誰かしらの失恋話です。こういうことに興味がある人はかなり多いのではないでしょうか。

どうですか？　みなさんも回答を思い付くことができたでしょうか？

この問題はやはり、**スタートとゴールが遠そうに見えて実は近くにあるというのがポイント**になると思います。4章でもお話ししましたが、スタート地点でしっかりと情報を得て手札を増やすことができれば、ゴールは目前です。ぜひこれ以降の問題も、スタートの場所をきちんと把握できるようにしましょう。

Q3 答え

「『人間関係で苦労した話』や『失恋話』など、人付き合いや恋愛に関する話題」

▽アイデア力

Q4

日本の農業は今、さまざまな苦境に立たされています。若者の農業離れが進み、従事者の平均年齢は69歳と高齢化が進行しており、ＴＰＰの締結で日本のものより安価な農作物が海外から輸入されようとしているのです。

日本の農業を救うためのアイデアを考えなさい。

TODAI DRILL

解説

わー。すごい難しい問題が出てきましたね。これが思い付くんだったら誰も苦労しないだろ、とツッコまれてしまいそうですが、まあとりあえず考えてみましょう。

STEP 1 ゴールを明確化して、ゴールをスタートに近付ける

いろいろ問題文には長々と書いてありますが、要は農業の問題はこの2つだと言えると思います。

- **若者の農業離れ**
- **より安い農作物が輸入されてしまう**

この2つを解決できるものが、きっと日本の農業を救うアイデアになるはずです。

ということは、ゴールを考えるなら、この**「逆」を行けばいい**はずです。

- **若者でも農業に従事してもらえるような案**
- **安い農作物が輸入されても大丈夫な案**

こう考えると、「安い農作物が輸入されても大丈夫な案」というのがまだふわっとしていてわかりにくいですね。これってどういうことでしょう？

具体的に考えると、これは2つの可能性が考えられます。1つは、**「より安く農作物を作ればいい」**というものです。輸入される農作物よりも安い農作物が作れるのなら、お客さんはそっちを買うはずです。

また逆に、もう1つの可能性として、**「他にはない価値を作る」**というのもありだと思います。人間は、美味しいものだけを食べるわけでも、安いものだけを買うわけでもありません。健康によければ不味いものだって食べるし、高くても他に大きなメリットがあるのなら買う。同じように、**「安い農作物が輸入されても買ってもらえるだけのメリット」**があればいいのです。

・安い農作物が輸入されても大丈夫な案
↓より安く農作物を作る
↓他にはない価値を作る

ということですね。

STEP 2 問題から情報を得て、スタートをゴールに近付ける

STEP1だけ考えていても意味がありません。ゴールはあくまでもゴール。ただの理想です。それが実現できるかどうかは、スタートという現状を考えないとダメなんです。だって、このまま農家さんに「より安く農作物を作ればいいと思います！」と言ったとしたらどうなるでしょう？　おそらく「それができたら苦労しないんだよ！」と怒られてしまいます。

では、そういうふうに怒られないために、とりあえず現状をもう少し考えてみましょう。なんで若者は農業をやらないのでしょうか？

１つは**「あまり儲からなそう」**というのが理由ですね。お金ががっぽり稼げるなら農業にだってなんにだって従事するはずです。それがないということは、あまり稼げるイメージがないということ。

または、**「やるリスクが高い」**という理由もあると思います。農業って、会社でもなんでもないので、基本的には１人でやらなければならないことです。農作物の作り方を誰かからしっかり教えてもらえるということは少なそうですし、自営業だから不作のときには自分の財布が空になってしまう。それよりも、会社に所属するサラリーマンをやっていた方が安心だし、ラクそうですよね。

また、日本は１人１人の持っている土地が狭くて、一気に広いスケールで農業を行うということができません。アメリカやオーストラリアなんてヘリコプターで農薬を撒いていますからね。こりゃ日本では真似できませんし、そりゃ１つ１つが丹精込めて作らざるを得ないのだから高くなってしまいます。

STEP 3 スタートとゴールを繋げて、問題を解決する

スタートもゴールも見えたところで、この2つを繋げてみましょう。スタートは

・あまり儲からなそう
・やるリスクが高い
・土地が狭くて安くできない

ゴールは

・若者でも農業に従事してもらえるような案
・安い農作物が輸入されても大丈夫な案
↓より安く農作物を作る
↓他にはない価値を作る

ということですね。

さて、この2つを見比べたときに1つ消えるのは「より安く農作物を作る」ですね。「安くできない」というスタートがある以上、このゴールには繋げられないでしょう。

逆に**繋がりそうなのは「儲けを出す」というのと「他にはない価値を作る」**ですね。つまり、他よりも価値のある農作物を作って買ってもらい、儲かるようになればいい。すごくシンプルですが、これはこの問題の解決策になるはずです。

では、どんな価値のある農作物を作ればいいのでしょう？　これは、農作物を買う人という「相手」のことを考える、3章・4章にあったような問題ですね。「トマト嫌い」の問題とか「こんにゃく」の問題があったと思いますが、そのときに出てきたのは**「人間は、美味しいものだけではなく、健康などのメリットがあったら食べる」**というものでした。

それを今回に当てはめると、「安い」ものではなく**「美味しい」とか「健康になる」とか、そういうメリットを前面に押し出せばいい**のではないかと考えられます。

そしてさらにそれを、**大学とか企業とかと組んで進めればいい**のです。1人でやらなければならないからリスクが高いと考える若者が多いなら、大学や企業と一緒に、あるいはもうそちらの一員として、若者が「より美味しい農作物」「より健康になる農作物」を作っていけばいいのではないでしょうか。

この方法であれば、土地が狭くてもなんの問題もありませんし、多少高くても買ってくれるお客さんは多いはずです。日本だけではなく、海外からも買ってくれるお客さんもいるのではないでしょうか？

Q4 答え

「『より美味しい』『より健康』という価値のある農作物を、大学や企業と組んで開発する」

おわりに

『東大ドリル』、いかがだったでしょうか？　みなさん、楽しんでいただけましたか？

　さて、最後にみなさんに質問です。本書の30題に共通するポイントって何かわかりますか？　今回僕は、なぞなぞ、ＹｏｕＴｕｂｅや化粧品を題材にしたもの、こんにゃくやトマトといった食材を題材にしたものなど、いろいろな問題を出題しました。それは全て、ある1つの基準に則って作っていたのです。

　……ここまで問題を解いてきたみなさんなら、もうおわかりですね？

　それは、**「身の回りのありふれたこと」を題材にした**ということです。

　例えば「はじめに」で出題させていただいたのは、普段みなさんがコンビニやスーパーで購入する「牛乳」の生産地についてでしたね。「トマト嫌いな友達」だっているでしょうし、「海派か山派か」もめることの多いテーマですよね。1〜2章のなぞなぞだって、テレビで出題されていてもおかしくないようなものですし、「1」と「2」と「3」を使って「9」を作るというのも、「よく見かける数字から9や10を作る」という子供の遊びの延長線上です。どれも、**日常で触れる機会があるようなものをもとに作っている**のです。

僕はこれから先、**「知識量」ではなく「思考力」が必要になったときに、「勉強」という言葉の定義が変わる**と思っています。

今だと、日常生活から離れて、歴史の年号を暗記したり、数学の問題を解いたり、僕たちの人生とは直結しないものが「勉強」だと考えられています。だから、「学校の勉強は社会に出てから役に立たない！」と言われてしまいますし、大人になってから「勉強し直そう！」と思う人は一握りになってしまっています。これは、「勉強」が「知識」を養うものだと考えられていたからです。勉強して知識を付けても、それを活かせる場がなかったから、「勉強しても意味がない！」と言われてしまっていたわけです。

しかし、これからの時代は違います。２０２０年教育改革以降、ＡＩの力が台頭し社会が変化した後には、「勉強」は、**最低限の知識をつけながらも、「思考力」を鍛えるもの**へと変わっていくのではないでしょうか。

その中で出てくるのは、**「自分の人生と知識とを繋げる」という勉強のスタイル**です。「歴史的な出来事から、現代の出来事を知る」という姿勢だったり、「数学的な思考を用いて、今目の前で起こっている問題を解く」という態度だったり、**「知識」と「今目の前にあるありふれたもの」とを結び付けて考え、問題を解決する**ことが「新たな勉強」になっていくのではないでしょうか。だからこそ僕は今回、**「日常にありふれたもので、思考力を鍛える問題」**を用意しました。それが**「新たな勉強」の第一歩**になると思ったからです。

この30題を解いた人はこれからの人生の中で、僕がお出ししたのと同じような問題を自分で作れると思います。そして、それを解く能力も、もう身に付けていることと思います。

ですから、この本の最後の問題は、こちらです。

問題

あなたの身の回りにあることから、新たな問題を考えましょう。

この問題が解けた人は、それを他の人に出題してみてください。

Ｔｗｉｔｔｅｒで「#東大ドリル」で呟いていただければ、僕も可能な限り反応します！

東大ドリル、ここまでお読みいただき、本当にありがとうございました。この本で、みなさんの思考が少しでも深まったら嬉しいです。

西岡 壱誠 Nishioka Issei

東京大学4年生

1996年生まれ。偏差値35から東大を目指すも、現役・一浪と、2年連続で不合格。崖っぷちの状況で、楽しみながら考える力を鍛えるオリジナルの勉強法、思考法を開発して取り組んだ結果、偏差値70、東大模試で全国4位になり、東大合格を果たす。現在は家庭教師として教え子にもその独自の思考メソッドをレクチャーしている。また、東京大学で45年続く書評誌「ひろば」の編集長を務める傍ら、講談社『モーニング』で連載中の「ドラゴン桜2」に情報を提供する東大生団体「東龍門」リーダーを務める。『現役東大生が教える「ゲーム式」暗記術』(ダイヤモンド社)、『「読む力」と「地頭力」がいっきに身につく 東大読書』『「伝える力」と「地頭力」がいっきに高まる 東大作文』(ともに東洋経済新報社) など著書多数。

装丁・デザイン　井上新八
校正　東京出版サービスセンター
著者エージェント　アップルシード・エージェンシー (http://www.appleseed.co.jp/)
編集　森 摩耶 (ワニブックス)

"なぞなぞ"&"身近なテーマ"で楽しみながら
「自分で考える力」を鍛える
東大ドリル
西岡壱誠　著

2019年5月8日　初版発行

発行者　横内正昭
編集人　青柳有紀
発行所　株式会社ワニブックス
〒150-8482
東京都渋谷区恵比寿 4-4-9　えびす大黑ビル
電話　03-5449-2711 (代表)
　　　03-5449-2716 (編集部)
ワニブックスHP　http://www.wani.co.jp/
WANI BOOKOUT　http://www.wanibookout.com/

印刷所　株式会社 光邦
DTP 三協美術
製本所　ナショナル製本

定価はカバーに表示してあります。
落丁本・乱丁本は小社管理部宛にお送りください。送料は小社負担にてお取替えいたします。ただし、古書店等で購入したものに関してはお取替えできません。

ISBN978-4-8470-9798-0